AF277301

Todos los libros de Linkgua Ediciones cuentan con modelos de Inteligencia Artificial entrenados por hispanistas. Pregúntale al chat de tu libro lo que desees acerca de la obra o su autor/a.

Para ebooks: Accede a nuestro modelo de IA a través de un enlace.

Para libros impresos: Escanea el código QR de la portada con tu dispositivo móvil.

Obtén análisis detallados de nuestros libros, resúmenes, respuestas a tus preguntas y accede a nuestras ediciones críticas generativas para una experiencia de lectura más enriquecedora.
La transparencia y el respeto hacia la autoría de las fuentes utilizadas son distintivos básicos de nuestro proyecto. Por ello, las respuestas ofrecen, mediante un sistema de citas, las fuentes con las que han sido elaboradas.

Gonzalo de Berceo

Vida de santo Domingo de Silos

Barcelona 2025
Linkgua-ediciones.com

Créditos

Título original: Vida de santo Domingo de Silos.

© 2025, Red ediciones S.L.

e-mail: info@linkgua.com

Diseño de cubierta: Michel Mallard.

ISBN rústica ilustrada: 978-84-1126-785-4.
ISBN tapa dura: 978-84-9953-639-2.
ISBN ebook: 978-84-9897-816-2.

Sumario

Brevísima presentación

La vida
Gonzalo de Berceo (Berceo, Logroño, 1195-d. 1264). España.
Pertenece a la tradición literaria llamada «mester de clerecía», integrada por eclesiásticos y hombres de letras. Se educó en el monasterio de San Millán de la Cogolla (La Rioja), en el que ofició como clérigo secular, y fue más tarde diácono (c. 1120) y presbítero (c. 1237).

Vida de Santo Domingo de Silos
Escomienza la Vida del glorioso confesor Sancto Domingo de Silos

Libro I

1   En el nomne del Padre   que fizo toda cosa,
     e de don Jesu Cristo,   fijo de la Gloriosa,
     e del Spíritu Sancto   que egual d'ellos posa,
     de un confesor sancto   quiero fer una prosa.

2   Quiero fer una prosa   en romanz paladino
     en cual suele el pueblo   fablar con so vecino,
     ca non só tan letrado   por fer otro latino,
     bien valdrá, como creo,   un vaso de bon vino.

3   Quiero que lo sepades   luego de la primera,
     cúya es la historia,   metervos en carrera:
     es de sancto Domingo   toda bien verdadera,
     el que dicen de Silos   que salva la frontera.

4   En el nomne de Dios   que nomnamos primero,
     suyo sea el precio,   yo seré su obrero;
     galardón del lacerio   yo en Él lo espero,
     qui por poco servicio   da galardón larguero.

5   Señor sancto Domingo,   dizlo la escriptura,
     natural fue de Cañas,   non de basa natura;
     lealmientre fue fecho   a toda derechura,
     de todo muy derecho   sin nula depresura.

6   Parientes hobo buenos,   del Criador amigos,
     que siguién los ejiemplos   de los padres antigos;
     bien sabién excusarse   de ganar enemigos,
     bien lis vinié en mientes   de los buenos castigos.

7   Juan habié por nomne   el su padre hondrado,

de linaje, de mañas,   un homne señalado,
amador de derecho,   de seso acabado,
non falsarié judicio   por haber monedado.

8   El nomne de la madre   decir no lo sabría,
como non fue escripto   no lo devinaría,
mas hayan la su alma   Dios e sancta María,
prosigamos el curso,   tengamos nuestra vía.

9   La cepa era buena,   engendró buen sarmiento,
non fue caña liviana,   la que torna el viento,
ca de luego fue cuerdo,   niño de buen cimiento,
de oír vanidades   no lo prendié taliento.

10   Sirvié a los parientes   de toda voluntad,
mostraba contra ellos   toda humilidad;
trayé, maguer niñuelo,   tan grand simplicidad
que se maravillaba   toda la vecindad.

11   De risos nin de juegos   habié poco cuidado,
a los que los usaban   habielis poco grado;
maguer de pocos días   era muy mesurado,
de grandes e de chicos   era mucho amado.

12   Trayé encontra tierra   los ojos apremidos,
por non catar follías   tenielos bien nodridos;
los labros de la boca   tenielos bien cosidos,
por non decir follías   nin dichos corrompidos.

13   El pan que entre día   li daban los parientes
no lo querié él todo   meter entre los dientes;
partielo con los mozos   que habié conocientes,
era mozo complido   de mañas convenientes.

14   Creo yo una cosa,   sé bien que es verdad,
que lo iba guiando   el Rey de majestad,
ca face tales cosas   la su benignidad,
que a la bestia muda   da racïonidad.

15   Esa virtud obraba   en esti su criado,
por esi condimiento   vinié tan alumnado,
si non, de tales días   non serié tan senado,
siempre es bien apreso   qui de Dios es amado.

16   Si oyé razón buena,   bien la sabié tener,
recordábala siempre,   no la querié perder;
santiguaba su cebo   cuando querié comer,
sí facié que se quiere   que habié de beber.

17   Dicié el *Pater Noster*   sobra muchas vegadas,
e el «*Credo in Deum*»   con todas sus posadas,
con otras oraciones   que habié costumnadas,
éranli estas nuevas   al dïablo pesadas.

18   Vivié con sus parientes   la sancta creatura,
el padre e la madre   queriénlo sin mesura;
de nula otra cosa   él non habié ardura,
en aguardar a ellos   metié toda su cura.

19   Cuando fue peonciello   que se podié mandar,
mandolo ir el padre   las ovejas guardar;
obedeció el fijo,   ca non quirié pecar,
ixió con su ganado,   pensolo de guiar.

20   Guiaba so ganado   como faz buen pastor,
tan bien no lo farié   alguno más mayor;

non querié que entrasen   en ajena labor,
las ovejas con elli   habién muy grand sabor.

21   Dábalis pastos buenos,   guardábalas de daño,
ca temié que del padre   recibrié grand sosaño;
a rico nin a pobre   non querié fer engaño,
que más querié de fiebre   yacer todo un año.

22   Luego a la mañana   sacábalos en cierto,
tenié en requerirlas   el ojo bien abierto;
andaba cerca d'ellas   prudient e muy espierto,
nin por sol nin por pluvia   non fuyé a cubierto.

23   Tornaba a la tardi   con ellas a posada,
su cayado en mano   con su capa bellada;
a los que lo ficieron   luego en la entrada,
besábalis las manos,   la rodiella fincada.

24   El pastor que non duerme   en ninguna sazón
e fizo los abisos   que non haben fondón,
guardaba est ganado   de toda lesïón,
non facié mal en ellas   nin lobo nin ladrón.

25   Con la guarda sobeja   que el pastor lis daba,
e con la sancta gracia   que Dios lis ministraba,
aprobaba la grey,   cutiano mejoraba,
tanto que a algunos   envidia los tomaba.

26   Abel el protomártir   fue el pastor primero,
a Dios en sacrificio   dio el mejor cordero;
fízolo Dios por ende   en cielo parcionero,
démosli al de Silos   por egual compañero.

27   Los sanctos patriarcas   todos fueron pastores,
que de la leÿ vieja   fueron contenedores;
aún como leemos   e somos sabidores,
pastor fue sant Millán   e otros confesores.

28   De pastores leemos   muchas buenas razones,
que isieron prudientes,   fueron sanctos varones;
esto bien lo trovamos   en muchas de lectiones,
que trae est oficio   buenas terminationes.

29   Oficio es de precio,   non cae en viltanza,
sin toda depresura,   de grant significanza;
David tan noble rey,   una fardida lanza,
pastor fue de primero   sin ninguna dubdanza.

30   Nuestro Señor, don Cristo,   tan alta podestad,
dijo que pastor era,   e bueno de verdad;
obispos e abades,   cuantos han dignidad,
pastores son clamados   sobre la Cristiandad.

31   Señor sancto Domingo   de primas fue pastor,
depués fue de las almas   padre e guiador;
bueno fue en comienzo,   a postresmas mejor,
el Reÿ de los Cielos   nos dé el su amor.

32   Cuatro años andido   pastor con el ganado,
de cuanto li echaron   era mucho criado;
teniese el su padre   por homne venturado,
que criado tan bueno   li habié Dios prestado.

33   Movamos adelante,   en esto non tardemos,
la materia es luenga,   mucho non demoremos,
ca de las sus bondades   maguer mucho andemos,

la milésima parte   decir no la podemos.

34   El sancto pastorciello,   pleno de buenas mañas,
       andando con so grey   por término de Cañas,
       asmó de seer clérigo,   saber buenas fazañas,
       pora vevir honesto   con más limpias compañas.

35   Plogo a los parientes   cuando lo entendieron,
       cambiáronli el hábito,   otro mejor li dieron;
       buscáronli maestro,   el mejor que podieron,
       leváronlo a glesia,   a Dios lo ofrecieron.

36   Diéronli su cartiella   a ley de monaciello,
       asentose en tierra,   tolliose el capiello;
       en la mano derecha   priso su estaquiello,
       apriso fasta'l títol   en poco de ratiello.

37   Vinié a su escuela   el infant grand mañana,
       non habié a decírgelo   nin madre nin hermana;
       non facié entre día   luenga meridïana,
       hobo algo apreso   la primera semana.

38   Fue en poco de tiempo   el infant salteriado,
       de himnos e de cánticos   bien e gent decorado,
       evangelios e pístolas   aprísolas privado,
       algún mayor levaba   el mosto más baldado.

39   Bien leyé e cantaba   sin ninguna pereza,
       mas tenié en el seso   toda su agudeza,
       ca sabié que en eso   li yacié la proveza,
       non querié el meollo   perder por la corteza.

40   Fue alzado el mozo   pleno de bendición,

salió de mancebía,   ixió sancto varón;
facié Dios por él mucho,   oyé su oración,
fue saliendo afuera   la luz del corazón.

41   Ponié sobre su cuerpo   unas graves sentencias,
jejunios e vigilias   e otras abstinencias;
guardábase de yerros   e de todas falencias,
non falsarié por nada   las puestas convenencias.

42   El bispo de la tierra   oyó d'est buen cristiano,
por cuanto era suyo   tóvose por lozano;
mandol prender las órdenes,   diógelas con su mano,
fue en poco de tiempo   fecho misacantano.

43   Cantó la sancta misa   el sacerdot novicio,
iba honestamientre   en todo so oficio,
guardaba su eglesia,   facié a Dios servicio,
non mostraba en ello   nin pereza nin vicio.

44   Tal era como plata   mozo cuatrogradero,
la plata tornó oro   cuando fue pistolero;
el oro margarita   en evangelistero,
cuando subió a preste   semejó al lucero.

45   Toda Sancta Eclesia   fue con él ensalzada,
e fue toda la tierra   por elli alumnada;
serié Cañas por siempre   rica e arribada
si elli non hobiese   la seíja cambiada.

46   Castigaba los pueblos   el padre ementado,
acordaba las yentes,   partielas de pecado;
en visitar enfermos   non era embargado,
si podié fer almosna,   faciela de buen grado.

47   Contendié en bondades   ivierno e verano,
        qui gelo demandaba   dabal consejo sano;
        mientre el pan duraba   nol cansaba la mano,
        entenderlo podedes   que era buen cristiano.

48   De cuanto nos decimos   él mucho mejor era,
        por tal era tenido   en toda la ribera;
        bien sabié al dïablo   tenerli la frontera,
        que no lo engañase   por ninguna manera.

49   El preste benedicto   de que fue ordenado,
        sobo año e medio   allí do fue criado;
        era del pueblo todo   querido e amado,
        pero por una cosa   andaba conturbado.

50   Fue las cosas del sieglo   el bon homne asmando,
        entendió como iban   todas empeyorando;
        falsedat e cobdicia   eran fechas un bando,
        otras muchas nemigas   a ellas acostando.

51   Dicié: «Aï, ¡mezquino!   si non cambio logar,
        lo que yo non querría   habré a cempellar;
        el lino cab el fuego   malo es de guardar,
        suelen grandes periglos   de tal cosa manar.

52   Si yo peco en otri,   de Dios seré reptado,
        si en mí pecar' otri   temo seré culpado;
        más me vale buscar   logar más apartado,
        mejor me será eso   que vevir en poblado.

53   Los que a Dios quisieron   dar natural servicio,
        por amor que podiesen   guardarse de tot vicio,

esa vida ficieron   la que yo fer cobdicio,
si guiarme quisiere   el Don que dijo: 'Sicio'.

54   En los primeros tiempos   nuestros antecesores,
que de Sancta Eglesia   fueron cimentadores,
de tal vida quisieron   facerse sofridores,
sufrieron sed e famne,   heladas e ardores.

55   Sant Joan el Babtista,   luego en su niñez,
renunçïó el vino,   sizra, carne e pez;
fuyó a los desiertos   onde ganó tal prez
cual non dizrié nul homne   nin alto nin rafez.

56   Antonio el buen padre   e Paulo su calaño,
el que fue, como dicen,   primero ermitaño,
visquieron en el yermo,   un desierto extraño,
non comiendo pan bueno   nin vistiendo buen paño.

57   María Egipciaca,   pecadriz sin mesura,
moró mucho en yermo,   logar de grand pavura;
redimió sus pecados   sufriendo vida dura,
qui vive en tal vida   es de buena ventura.

58   El confesor precioso   que es nuestro vecino,
san Millán el caboso,   de los pobres padrino,
andando por los yermos   y abrió el camino,
por end subió al Cielo   do non entra merino.

59   El su maestro bueno,   san Felices clamado,
qui yacié en Billivio   en la cueva cerrado,
fo ermitaño vero,   en bondad acabado,
el maestro fue bueno   e nudrió buen criado.

60 Esos fueron sin dubda homnes bien acordados,
qui por salvar las almas dejaron los poblados;
visquieron por los yermos mezquinos e lazrados,
por ent facen virtudes onde son adorados.

61 Muchos foron los padres que ficieron tal vida,
yace en *Vitas Patrum* d'ellos una partida;
toda gloria del mundo habienla aborrida
por ganar en los Cielos alegría complida.

62 El Salvador del mundo, que por nos carne priso,
de que fo bateado, cuando ayunar quiso,
por a nos dar ejiemplo al desierto se miso,
ende salió el demon, mas fo ent mal repiso.

63 Los monjes de Egipto, compañas benedictas,
por quebrantar sus carnes faciense heremitas;
tenién las voluntades en corazón más fitas,
fueron de tales homnes muchas cartas escriptas.

64 Yo pecador mezquino, en poblado, ¿qué fago?
Bien como e bien bebo, bien visto e bien yago;
de vevir en tal guisa sabe Dios non me pago,
ca trae esta vida un astroso falago.»

65 El sacerdot precioso, en qui todos fiaban,
desamparó a Cañas do mucho lo amaban,
parientes e amigos que mucho li costaban,
alzose a los yermos do homnes non moraban.

66 Cuando se vio solo del pueblo apartado,
folgó como si fuese de fiebre terminado;
rendió gracias a Cristo que lo habié guiado,

non tenié, bien sepades,   pora cena pescado.

67   El ermitaño nuevo   diose a grand lacerio,
       faciendo muchas preces,   rezando su salterio,
       diciendo bien sus horas,   todo su ministerio,
       dábalis a las carnes   poco de refrigerio.

68   Sufriendo vida dura,   yaciendo en mal lecho,
       prendié el homne bueno   de sus carnes derecho;
       el mortal enemigo   sediel en su asecho,
       d'estas aflictïones   habié él grant despecho.

69   Porque facié mal tiempo,   cayé fría helada,
       o facié viento malo,   oriella destemprada,
       o niebla percodida   o pedrisca irada,
       él tod esti lacerio   no lo preciaba nada.

70   Sufrié fiero lacerio   las noches e los días,
       tales como oyestes   en otras fantasías,
       mas esti buen cristiano,   sucesor de Helías,
       no lo preciaba todo   cuanto tres chirivías.

71   Cuntió grand negligencia   a los que lo sopieron,
       el logar do estido   que no lo escribieron;
       o creo por ventura   que no lo entendieron,
       ca se cambiaba siempre,   ende no lo dijieron.

72   Do quier que él estido,   en val o en poblado,
       era por el su mérito   el logar más honrado,
       ca por el homne bono,   como diz el tractado,
       e por el confesor   es el logar sagrado.

73   Año e medio sovo   en la ermitañía,

dizlo la escriptura   ca yo no lo sabía;
cuando no lo leyese   decir no lo querría,
ca afirmar la dubda   grand pecado habría.

74   Todos los sus lacerios,   todas las tentaciones,
no lo sabrién decir   los que leen sermones;
si non los que sufrieron   tales tribulaciones,
e pasaron por ellas   con firmes corazones.

75   Oraba el bon homne   de toda voluntad,
a Dios que defendiese   toda la Cristiandad,
diese entre los pueblos   pan e paz e verdad,
temporales temprados,   amor e caridad.

76   Oraba a enfermos   que diese sanidad,
a los encaptivados   que diese enguedad,
e a la yent pagana   tolliese podestad
de fer a los cristianos   premia e crüeldad.

77   Oraba muy afirmes   al su Señor divino,
a los herejes falsos   que semnan mal venino,
que El los refiriese,   cercaslis el camino,
que la fe non botase   la fez del su mal vino.

78   Oraba amenudo   a Dios por sí meísmo,
que El que era Padre   a luz de Cristianismo
guardáselo de yerro   e de mortal sofismo,
por non perder el pacto   que fizo al baptismo.

79   Non se li oblidaba   orar por los pasados,
los que fieles fueron,   murieron confesados;
por otros sus amigos   que tenié señalados,
dicié el homne bono   *Pater Nostres* doblados.

80 Señor sancto Domingo, usado de lacerio,
    non daba a sus carnes de folgar nul remedio;
    visco en esta vida un buen año e medio,
    sabet que poco vicio hobo en est comedio.

81 Por amor que viviese aún en mayor premia,
    que non ficiese nada a menos de licencia,
    asmó de ferse monje e fer obedïencia,
    que fuese bien trabado fora de su potencia.

82 No lo tenga ninguno esto a liviandat,
    nin que menoscabó de la su sanctidat,
    ca en sí hobo siempre complida caridat,
    qui en poder ajeno metió su voluntad.

83 Descendió de los yermos el confesor honrado,
    vino a San Millán, logar bien ordenado;
    demandó la mongía, diérongela de grado,
    fo bien si acordase la fin a est estado.

84 Apriso bien la orden el novel caballero,
    andando en conviento ijió muy buen claustero,
    manso e avenido, sabroso compañero,
    humildoso en fechos, en dichos verdadero.

85 Grado bueno a Dios e a sancta María,
    non avinié nul monje mejor en la mongía;
    lo que dicié la regla facié él todavía,
    guardaba bien la orden sin ninguna folía.

86 Señor sancto Domingo, leal escapulado,
    andaba en la orden como bien ordenado,

los ojos apremidos,   el capiello tirado,
la color amariella,   como homne lazrado.

87   Quequiere que mandaba   el su padre abat,
o prior o prepuesto   de la socïedad,
obedecié él luego   de bona voluntad,
teniéngelo los bonos   a bona Cristiandad.

88   En claustra nin en coro   nin en otro logar
que vedaba la regla   él non querié fablar;
quiquiere que en cierto   lo quisiese buscar
fose a la eglesia   acerca del altar.

89   Si *ad opera manuum*   los mandaban exir,
bien sabié el bon homne   en ello avenir;
por nula joglería   no lo farién reír,
nin liviandat ninguna   de la boca decir.

90   Porque era tan bono   el fraire tan honesto,
e la obedïencia   lo trovaba tan presto,
e de tan bona guisa   era todo su gesto,
algunos habié d'ellos   que lis pesaba d'esto.

91   Si los otros sus fradres   lo quisiesen sofrir,
elli de la eglesia   nuncua querrié exir;
las noches e los días   y los querrié trocir,
por salvar la su alma,   al Criador servir.

92   A él cataban todos   como a un espejo,
ca yacié grand tesoro   so el su buen pellejo;
por padre lo cataban   esi sancto consejo,
foras algún maliello   que valié poquellejo.

93   Ante vos lo dijiemos,   si bien vos remembrades,
que serié luenga soga   decir las sos bondades;
movamos adelante   si nos lo consejades,
ca aún mucho finca,   más de lo que coidades.

94   El abad de la casa   fabló con su conviento,
asmaron una cosa,   ficieron paramiento:
de ensayar est homne   cuál era su taliento,
si era tal por todo   cual el demostramiento.

95   Dijieron: «Ensayémoslo,   veremos qué tenemos,
cuando lo entendiéremos   más seguros seremos,
ca diz la escriptura   e leerlo solemos,
que oímos la lengua   mas el cuer non sabemos.

96   Mandémosli que vaya   a alguna degaña,
que sea bien tan pobre   como pobre cabaña;
si fer no lo quisiere   o demostrare saña,
allí lo entendremos   que trae mala maña.»

97   Cerca era de Cañas   e es hoÿ en día,
una casa por nomne   dicha Sancta María;
ésa era muy pobre,   de todo bien vacía,
mandáronli que fose   prender esa bailía.

98   Consintió el bon homne,   non desuyó en nada,
fizo el enclín luego,   la bendición fo dada;
oró al cuerpo sancto   oración brevïada,
dijo palabras pocas,   razón bien acordada.

99   «Señor -dijo- que eres   de complido poder,
que a los que bien quieres   no los dejas caer,
señor, tú me ampara,   cáyate en placer

que lo que he lazrado   no lo pueda perder.

100   Siempre cobdicié esto   e aún lo cobdicio,
apartarme del sieglo,   de todo su bollicio,
vevir so la tu regla,   morir en tu servicio;
señor, merced te clamo   que me seas propicio.

101   Por ganar la tu gracia   fici obedïencia,
por vevir en tormento,   morir en penitencia;
señor, por el tu miedo   non quiero fer falencia,
si non, luego istría   de esta mantenencia.

102   Señor, yo esto quiero   cuanto querer lo debo,
si non, de mí faría   a los dïablos cebo;
contra la aguijada   cocear non me trevo,
tú saber esti vaso   que sin grado lo bebo.

103   Quiero algún servicio   facer a la Gloriosa,
ca lo yo bien entiendo   que es honesta cosa,
ca del Señor del mundo   fue madre e esposa,
plazme ir a la casa   enna cual ella posa.»

104   Ixió del monesterio   el señor ad amidos,
despidiose de todos   los sus fraires queridos;
los que bien lo amaban   fincaban doloridos,
los que lo bastecieron   ya era rependidos.

105   Fue a Sancta María   el barón benedicto,
non falló pan en ella   nin otro ningún victo;
demandaba almosna   como romero fito,
todos li daban algo,   qui media, qui zatico.

106   Con Dios e la Gloriosa   e la creencia sana,

vinieli buena cosa   de ofrenda cutiana;
de noche era pobre,   rico a la mañana,
bien partié la ganancia   con esa yent cristiana.

107   El barón del buen seso   por la leÿ complir,
        queriendo de lacerio   de sus manos vevir,
        empezó a labrar   por dejar de pedir,
        que era grave cosa   pora él de sofrir.

108   Mejoró en las casas,   ensanchó heredades,
        compuso la eglesia,   esto bien lo creades,
        de libros e de ropas   e de muchas bondades;
        sufrió en est comedio   muchas adversidades.

109   Yo Gonzalo que fago   esto a su honor,
        yo la vi, así vea   la faz del Criador,
        una chica cocina,   asaz poca labor,
        retraen que la fizo   esi buen confesor.

110   Fue en pocos de años   la casa arreada,
        de labor, de ganados,   asaz bien aguisada;
        ya trovaban en ella   los mezquinos posada,
        por él fue, *Deo gratias*,   la eglesia sagrada.

111   Confesó a su padre,   fízolo fradrear,
        hobo ennas sus manos   en cabo a finar;
        soterrolo el fijo   en es mismo fosar,
        pésame que non somos   certeros del logar.

112   La madre que non quiso   la orden recebir
        no la quiso el fijo   a casa aducir;
        hobo en su porfidia   la vieja a morir,
        Dios haya la su alma   si lo quiere oír.

113 Dejemos al bon homne folgar en su posada,
   ministrar a los pobres elli con su mesnada;
   demos al monesterio de Sant Millán tornada,
   ca aún non es toda la cosa recabdada.

114 El abat de la casa, como homne senado,
   metió en esto mientes, tóvose por errado,
   por tal homne com esti seer tan apartado,
   por qui el monesterio serié más ordenado.

115 Aplegó su conviento, trataron esta cosa,
   vidieron que non era apuesta nin primosa,
   tan perfecto cristiano de vida tan fermosa
   facerlo degañero en degaña astrosa.

116 Dijieron todos: «Plaznos que venga al conviento,
   todos habemos d'ello sabor e pagamiento;
   conocemos en elli de bondad complimiento,
   d'él nuncua recibiemos ningún enojamiento.»

117 Envïaron por elli luego los compañeros,
   rogar non se dejaron mucho los mensajeros;
   obedeció él luego a los dichos primeros,
   abriéronli las puertas de grado los porteros.

118 Entró al cuerpo sancto, fizo su oración,
   desend subió al coro prender la bendición;
   hobieron con él todos muy grand consolatión,
   como con compañero de tal perfectïón.

119 El perfecto cristiano de la gran pacïencia
   tan grand amor cogió conna obedïencia,

que por todas las muebdas,   por toda la sufrencia,
nuncua moverse quiso   a ninguna falencia.

120   Dioli tamaña gracia   el Reï celestial
que ya non semejaba   creatura mortal,
mas o ángel o cosa   que era spirital,
que vivié con ellos   en figura carnal.

121   En logar de la regla   todos a él cataban,
en claustra e en coro   por él se cabdellaban;
los dichos que dicié   melados semejaban,
como los que de boca   de Gregorio manaban.

122   Porque era tan bono,   de todos mejorado,
el abat de la casa   dioli el priorado;
queriélo, si podiese,   escuchar de buen grado,
mas decir: «No lo quiero»,   tenielo por pecado.

123   Tovo el priorado,   dizlo el cartelario,
como pastor derecho,   non como mercenario;
al lobo maleíto,   de las almas contrario,
tenielo reherido   fuera del sanctüario.

124   Muchas cosas que eran   malament trastornadas,
fueron en buen estado   por est prior tornadas;
el abad si andaba   fuera a las vegadas,
non trovaba las cosas   al torno peoradas.

125   Beneíta la claustra   que guía tal cabdiello,
beneíta la grey   que ha tal pastorciello;
do ha tal castellero   feliz es el castiello,
con tan buen portellero   feliz es el portiello.

126   Una cosa me pesa   mucho de corazón:
que habemos un poco   a cambiar la razón;
contienda que li nasco   al precioso varón,
por que pasó la sierra   e la Fuend de Gatón.

127   El reÿ don García,   de Nágera señor,
fijo del rey don Sancho,   el que dicen mayor,
un firme caballero,   noble campeador,
mas pora Sant Millán   podrié seer mejor.

128   Era de bonas mañas,   habié cuerpo fermoso,
sobra bien razonado,   en lides venturoso,
fizo a mucha mora   vibda de su esposo;
mas habié una tacha,   que era cobdicioso.

129   Fizo sin otras muchas   una caballería,
conquiso Calaforra,   siella de bispalía;
ganoli su eglesia   a la Virgen María,
dioli un grand servicio   a Dios en esi día.

130   El reÿ don Fernando   que mandaba León,
Burgos con la Castiella,   Castro e Carrïón,
ambos eran hermanos,   una generación,
era de los sus regnos   Monte d'Oca mojón.

131   Vino a Sant Millán,   moviolo el Pecado,
por cual cueta que era,   vinié desaborgado;
demandó al conviento   cuando fue albergado,
bien gelo entendieron   que non vinié pagado.

132   «Abad -dijo el rey-   quiero que me oyades,
vos e vuestro conviento,   los que aquí morades,

por qué es mi venida   quiero que lo sepades,
excusar non vos puedo,   quiero que me valades.

133   Contarvos mi facienda   serié luenga tardanza,
ca las razones luengas   siempre traen nojanza,
abreviarlo quiero   e non fer allonganza,
quiero de los tesoros   que me dedes pitanza.

134   Mis abuelos lo dieron,   cosa es verdadera,
esto e lo ál todo   de la sazón primera;
presten a mí agora   cosa es derechera,
aún los pecharemos   por alguna manera.»

135   El abad e sus fraires   fueron mal espantados,
nol recudié ninguno   tant eran desarrados;
el prïor entendiolo   que eran embargados,
recudioli e díjol   unos dichos pesados.

136   «Rey -diz- merced te pido   que sea escuchado,
lo que decirte quiero   non te sea pesado;
pero que só de todos   de seso más menguado,
cosa desaguisada   non dizré de mi grado.

137   Tus abuelos ficieron   est sancto hospital,
tú eres padrón dende   e señor natural;
si esto te negásemos   fariémos muy grant mal,
pecariemos en ello   pecado criminal.

138   Los que lo levantaron   a la orden lo dieron,
metieron heredades,   tesoros ofrecieron;
por dar a Dios servicio   por eso lo ficieron,
non tornaron por ello,   deque lo y metieron.

139   Lo que una vegada   a Dios es ofrecido,
nuncua en otros usos   debe seer metido;
qui ende lo cambiase   serié loco tollido,
el día del Judicio   serieli retraído.

140   Si esto por ti viene   eres mal acordado,
si otri te conseja   eres mal consejado;
reÿ, guarda tu alma,   non fagas tal pecado,
ca serié sacrilegio,   un crimen muy vedado.

141   Señor, bien te consejo   que nada non end prendas,
vivi de tus tributos,   de tus derechas rendas;
por haber que non dura   la tu alma non vendas,
guárdate *ne ad lapidem*   *pedem tuum offendas.*»

142   «Monje -dijo el rey-   sodes mal ordenado,
de fablar ant el rey   ¿quí vos fizo osado?
Parece de silencio   que non sodes usado,
bien creo que seredes   en ello malfallado.

143   Sodes de mal sentido,   como loco fablades,
fervos he sin los ojos   si mucho papeades;
mas consejarvos quiero   que callando seades,
fablades sin licencia,   mucho desordenades.»

144   El prior sovo firme,   non dio por ello nada,
«Reÿ -dijo- en esto   verdad digo probada;
non serié por decretos   nin por leyes falsada,
tú en loguer prométesme   asaz mala soldada.

145   Yo no lo mereciendo,   rey, de ti só maltrecho,
menázasme a tuerto   yo diciendo derecho;
non debiés por tal cosa   de mí haber despecho,

reÿ, Dios te defenda que non fagas tal fecho.»

146 «Monje -dijo el rey- sodes muy razonado,
legista semejades ca non monje travado;
non me terné de vos que só bien vendegado
fasta que de la lengua vos haya estemado.»

147 Todas estas menazas que el reÿ contaba
el varón beneíto nada no las preciaba;
cuanto él más dicié él más se esforzaba,
pesábali sobejo porque el rey pecaba.

148 «Reÿ -dijo- mal faces que tanto me denuestas,
dices con la grand ira palabras desapuestas;
grand carga de pecado echas a las tus cuestas,
que de miembros ajenos quieres fer tales puestas.

149 Las erranzas que dices con la grand felonía,
e los otros pecados que faces cada día,
perdónetelos Cristo, el fijo de María,
mas de cuanto te diji yo non me cambiaría.»

150 Fabló el rey e dijo: «Don monje denodado,
fablades com qui siede en castiello alzado;
mas si prendervos puedo de fuera de sagrado,
seades bien seguro que seredes colgado.»

151 Fabló sancto Domingo, del Criador amigo;
«Reÿ, por Dios que oyas esto que yo te digo;
en cadena te tiene el mortal enemigo,
por eso te enciende que barajes comigo.

152 La ira e los dichos adúcente grand daño,

el dïablo lo urde   que trae grand engaño;
embargado só mucho,   reÿ, del tu sosaño,
cuantos aquí sedemos   yacemos en mal baño.

153   Puedes matar al cuerpo,   la carne maltraer,
mas non has en la alma,   reÿ, ningún poder;
dizlo el evangelio   que es bien de creer,
el que las almas judga,   esi es de temer.

154   Reÿ, bien te consejo   como atal señor,
non quieras toller nada   al sancto confesor;
de lo que ofrecist   nos seas robador,
si non, veer non puedes   la faz del Criador.

155   Pero, si tú quisieres   los tesoros levar,
nos non te los daremos,   vételos tú tomar;
si non los rencurare   el padrón del logar,
nos non podremos, rey,   contigo barajar.»

156   Irado fo el rey,   sin conta e sin tiento,
afiblose el manto,   partiose del conviento;
tenié que habié preso   un grand quebrantamiento,
habié del prior solo   saña e mal taliento.

157   Fincó con su conviento   el confesor honrado,
por todos los roídos   él non era cambiado;
guardaba so oficio   que habié comendado,
si lo ficiesen mártir   serié él muy pagado.

158   Entró al cuerpo sancto,   dijo a sant Millán:
«Odi, padre de muchos   que comen el tu pan,
vees que es el rey   contra mí tan villán,
non me da mayor honra   que farié a un can.

159   Señor que de la tierra   padre eres e manto,
       rógote que te pese   d'esti tan grand quebranto,
       ca yo por ti lo sufro,   señor e padre sancto,
       pero por sus menazas   yo poco me espanto.

160   Confesor que partisti   con el pobre la saya,
       tú non me desempares,   tú me guía do vaya,
       que el tu monesterio   por mí en mal non caya,
       e esti león bravo   por mí no lo maltraya.

161   Cosa es manifiesta   que es de mí irado,
       e buscará entrada   por algún mal forado;
       fará mal a la casa,   non temerá pecado,
       ca bien gelo entiendo   que es mal enconado.»

162   Como él lo asmaba,   todo así avino,
       semejó en la cosa   certero adevino,
       que habié a comer   pan de otro molino,
       e non serié a luengas   en Sant Millán vecino.

163   Sóvose muy quedado,   sópose encobrir,
       su voluntad non quiso   a nadi descobrir;
       atendié esta cosa   a qué podrié exir,
       pero él non cesaba   al Criador servir.

164   El dïablo en esto   de balde nos estido,
       hobo un mal consejo   aína bastecido;
       demostroli al rey   un sendero podrido,
       por vengar el despecho   que habié concebido.

165   Fabló con el abat   el reÿ don García:
       «Abad -diz- só maltrecho   en vuestra abadía;

por juego nin por vero   nuncua lo cuidaría
que yo en esta casa   repoyado sería.

166   Afirmes vos lo digo,   quiero que lo sepades,
si del prior parlero   derecho me non dades,
levaré los tesoros,   aún las heredades,
que cuantos aquí sodes   por las puertas vayades.»

167   El abad non fue firme,   fue aína cambiado,
era como creemos   de envidia tocado;
otorgoli al rey   que lo farié de grado,
nin fincarié en casa   nin en el priorado.
Diz el reÿ: «Con esto   seré vuestro pagado.»

168   Lo que sancto Domingo   habié ante asmado,
ya la iba urdiendo   la tela el Pecado;
fo de la prioría   que tenié despojado,
e fue a muy grand tuerto   de la casa echado.

169   Pusieron por excusa   que lo facién sin grado,
porque vedién que era   el rey su despagado,
e por esta manera   lo habrién amansado,
e habrié el despecho   que tenié oblidado.

170   Diéronli do viviese   un pobre logarejo,
en que podrié trovar   asaz poco consejo;
él toda esta coita   vediela por trebejo,
revediese en ella   como en un espejo.

171   Tres fueron los logares   así como leemos,
mas dó fueron o cuales   esto no lo sabemos;
todos eran mezquinos,   entenderlo podemos,
no li darién los ricos   segund lo que creemos.

172   Dioli Dios bona gracia   cual él la merecié,
    dábanli todos tanto   cuanto mester habié;
    vivrié si lo dejasen   en eso que tenié,
    mas el mal enemigo   eso no lo querié.

173   El reÿ non podié   oblidar el despecho,
    por buscarli achaque   andabal en asecho;
    ante de medio año   echoli un grand pecho,
    cuidó por esta maña   haber d'elli derecho.

174   Díjol sancto Domingo: «Reÿ, ¿en qué contiendes?
    Semeja que cutiano   mucho más te enciendes;
    quiero que lo entiendas,   si bien no lo entiendes,
    semeja que tu tiempo   en balde lo expiendes.

175   Reÿ, tú bien lo sabes,   nuncua me disti nada,
    nin pecunia ajena   non tengo comendada;
    non querría tal cosa   tenerla condesada,
    más querría partirla   entre la gent lazrada.

176   Por Dios que non me quieras   tan mucho segudar,
    sepas de mí non puedes   nula cosa levar;
    aún porque quisiese,   non terría qué dar,
    jugo del fuste seco,   ¿quí lo podrié sacar?»

177   «Monje -dijo el rey-   non sodes de creer,
    sabemos que tenedes   alzado grand haber;
    cuando la abadía   teniedes en poder,
    bien me lo dicen todos   qué soliedes facer.»

178   «Reÿ, esto me pesa   más que todo lo ál,
    sobrepónesme furto,   un pecado mortal;

yo nuncua alcé proprio   nin fiz cosa atal,
adugo por testigo   al Padre spirital.»

179   «Don monje -diz el rey-   mucho de mal sabedes,
lo que todos sabemos   por niego lo ponedes;
esas hipocrisías   que convusco traedes,
bien creo que en cabo   amargas las veredes.»

180   «Reÿ -dijo el monje-   si tal es mi ventura,
que non pueda contigo   haber vida segura,
dejar quiero tu tierra   por foír amargura,
iré buscar do viva   contra Extremadura.»

181   Comendose al Padre   que abre e que cierra,
despidiose de todos,   desamparó la tierra;
metiose en carrera,   atravesó la sierra,
pora tierras de Nájera   conteciol mala yerra.

182   Cuando fo de las sierras   el barón declinando,
bebiendo aguas frías,   su blaguiello fincando,
arribó en la corte   del reÿ don Fernando,
plogo al rey e dijo   que li crecié grand bando.

183   «Prior -dijo el rey-   bien seades venido,
de voluntad me place   que vos he conoscido;
con vuestra conoscencia   téngome por guarido.»
Plogo con él a todos   e fue bien recebido.

184   «Reÿ -dijo el monje-   mucho te lo gradesco,
que me das tan grand honra,   la que yo non meresco;
mas por Dios te lo pido,   a quien yo obedesco,
que me quepas un ruego   que yo a ti ofresco.

185   Exido só del regno   do nascí e vivía
porque con tu hermano   avenir non podía;
ruégote que me dones   una ermitañía,
do sirva al que nasco   de la Virgen María.»
«Plazme -dijo el rey-   esto por la fe mía.»

186   Dejemos al bon homne   con el reÿ folgar,
conviénenos un poco   la materia a cambiar;
non podriemos sin eso   la razon acordar,
porque nos alonguemos,   bien sabremos tornar.

187   En tierras de Carazo,   si oyestes contar,
una cabeza alta,   famado castellar,
habié un monesterio   que fue rico logar,
mas era tan caído   que se querié ermar.

188   Solié de monjes negros   vevir y buen conviento,
de cuyo ministerio   habié Dios pagamiento;
mas era de tal guisa   demudado el viento,
que fascas non habién   ningún sostenimiento.

189   Todo est menoscabo,   esta tan grand falencia
vinié por mal recabdo   e por grand negligencia,
o habié enna casa   puesta Dios tal sentencia
por a sancto Domingo   dar honorificencia.

190   Pero habié en casa   aún monjes yacuantos,
que facién bona vida   e eran homnes sanctos;
éstos eran bien pobres   de sayas e de mantos,
cuando habién comido   fincaban pocos cantos.

191   Habié entre los otros   un perfecto cristiano,
como diz el escripto   dicienli Liciniano;

habié pesar e coita   dest mal tan sobranzano,
que siempre peoraba   ivierno e verano.

192 Entró a la eglesia,   plegó ant el altar,
     declinó los hinojos,   empezó a rogar:
     «Señor Dios a qui temen   los vientos e la mar,
     tú torna los tus ojos   sobre esti logar.

193 Señor, a nos non cates   que somos pecadores,
     que somos sin recabdo,   non bonos provisores;
     miémbrete de los bonos   nuestros antecesores,
     que d'esti monesterio   fueron contenedores.

194 Señor, onde que sea,   envíanos pastor,
     que ponga esta casa   en estado mejor;
     mal nos face la mengua,   la vergüenza peor,
     esto por qué aviene   tú eres sabidor.

195 Señor sant Sabastián,   del logar vocatión,
     mártir de Dios amado,   odi mi oración;
     tuelli d'est monesterio   esta tribulatión,
     non caya la tu casa   en tan grand perdición.

196 Danos qui nos captenga,   siervo del Criador,
     qui sofrist grand martirio   por ganar su amor;
     porque nos somos malos   e de poco valor,
     non caya la tu casa   en tan grand deshonor.

197 Casa que fue tan rica,   de tan grand complimiento,
     do trovaban consejo   más de cient veces ciento,
     vivién de bonos monjes   en ella grand conviento,
     aína de serpientes   será habitamiento.

198 Señor, merced te clamo, sea de ti oído,
     tan noble monesterio non sea destruido;
     busca algún consejo, mártir de buen sentido,
     de esta petición con esto me expido.»

199 La oración devota fue de Dios ejaudida,
     ca faciela el monje de voluntad complida;
     aspiró en el rey, príncep de bona vida,
     una cosa que ante non habié comedida.

200 Vínoli adeshoras al rey en corazón
     de dar el monesterio al precioso varón;
     metrié Dios en la casa su sancta bendición,
     cesarié por ventura aquella maldición.

201 El reÿ del buen tiento fabló con sus varones,
     con los mayores príncipes e con los sabidores;
     «Oíd -dijo- amigos, unos pocos sermones,
     a lo que decir quiero abrit los corazones.

202 Todos lo entendemos, cosa es conoscida,
     la eglesia de Silos como es decaída;
     facienda tan granada es tanto empobrida,
     habés pueden tres monjes haber en ella vida.

203 Todo esto aviene por los nuestros pecados,
     que somos pecadores e non nos emendamos;
     solamientre en ello cabeza non tornamos,
     sepades que en esto duramientre erramos.

204 Es por un monesterio un regno cabtenido,
     ca es días e noches Dios en elli servido;
     así puede ser un regno maltraído

por un logar tan bono si es esperdecido.

205 Si a todos ploguiese, terría por bien esto:
hobiésemos un homne devoto e honesto,
e tal es mi creencia que yo lo tengo presto,
en qui yo non entiendo de desorden nul gesto.

206 Prior de San Millán es entre nos caído,
homne de sancta vida e de bondad complido;
es por cualque manera de su tierra exido,
por Dios avino esto como yo só creído.

207 Serié pora tal cosa homne bien aguisado,
es de recabdo bono, demás bien ordenado;
es en cuanto veemos del Criador amado,
vernié el monesterio por él a su estado.»

208 «Reÿ -dijieron- hasnos en buen logar fablado,
tenémostelo todos a merced e a grado;
entendemos que dices consejo aguisado,
otorgárnoslo todos si tú eres pagado.»

209 Tractaron con el bispo todo esti consejo,
tóvolo el obispo por muy bono sobejo;
non contradijo homne nin grand nin poquellejo,
nin fo pesante d'ello nin villa nin concejo.

210 Los monjes de la casa, cuando lo entendieron,
nuncua tamaño gozo un día non hobieron;
fueron a la eglesia, a Dios gracias rendieron,
el «Te Deum laudamus» de buen cuer lo dijieron.

211 Confirmolo el bispo, dioli ministramiento,

desende lo bendijo,   fízol su sagramiento;
dioli siella e croza,   todo su complimiento,
fízol obedïencia   de grado el conviento.

212   Cuando fue acabado   todo el ministerio,
el abad beneíto   vino al monesterio;
solo que de los piedes   primió el ciminterio,
oblidaron los monjes   el pasado lacerio.

213   El reÿ don Fernando,   de Dios sea amado,
como lo fuera siempre   fo muy bien enseñado;
no lo envïó solo   mas bien acompañado,
ca envïó con elli   mucho homne honrado.

214   Envïó bonos homnes   e altas podestades,
clérigos e calonges,   e benitos abades,
mancebiellos e viejos   de diversas edades.
Bendicho sea rey   que faz tales bondades.

215   Fo en la abadía   el barón asentado,
con la facienda pobre   era fuert embargado,
mas cambiola aína   Dios en mejor estado,
fo en bona folgura   el lacerio tornado.

216   Fue luego a las primas   la orden reformada,
la que por mal pecado   ya era desatada;
cogió de compañeros   compaña mesurada,
los que vedié que eran   de manera pesada.

217   Las noches e los días   lazraba el barón,
los días porcalzando,   la noch en oración;
conformaba sus fraires,   tenielis bien lectión,
a grandes e a chicos   daba egual ración.

218   Los monjes eran buenos,   amaban su pastor,
        metió Dios entre ellos   concordia e amor;
        non habié y entrada   el mal revolvedor,
        que ad Adam e Eva   volvió con su Señor.

219   El reÿ don Fernando,   sea en paradiso,
        ya vedié de la casa   lo que él veder quiso;
        vedié que su majuelo   naturalmientre priso,
        nos tenié, *Deo gratias*,   d'est fecho por repiso.

220   El reÿ e los pueblos   dábanlis adiutorio,
        unos en la eglesia,   otros en refictorio,
        otros en vestüario,   otros en dormitorio,
        otros en oficiero,   otros en responsorio.

221   Vedié su monesterio   todo bien recabdado,
        eglesia bien servida,   convent bien ordenado;
        abad de sancta vida,   de bondad acabado,
        dicié entre sí misme: «Dios, tú seas laudado.»

222   Non vos querría mucho   en esto detener,
        querría adelante   aguijar e mover,
        enanzar enna obra   dándome Dios poder,
        ca otras cosas muchas   habemos de veer.

223   Oído lo habedes,   si bien vos acordades,
        esti abad benito,   lumne de los abades,
        cuantas sufrió de coitas   e de adversidades,
        por ond a pasar hobo   de Ortoya las rades.

224   Porque fo siempre casto,   de bona pacïencia,
        humildoso e manso,   amó obedïencia,

en dicho e en fecho   se guardó de falencia,
habié Dios contra elli   sobra grant bienquerencia.

225   El Reÿ de los reyes   por qui tanto sufrié,
bien gelo condesaba   cuanto elli facié;
por darli buen confuerto   de lo que merecié,
quísoli demostrar   cuál galardón habrié.

226   El confesor glorioso,   un cuerpo tan lazrado,
durmiese en su lecho   ca era muy cansado;
una visïón vido   por ond fue confortado,
del lacerio futuro   siquiere del pasado.

227   Así como leemos,   los que lo escribieron
de la su boca misme,   d'él misme lo oyeron;
sabemos que en ello   toda verdad dijieron,
nin un vierbo menguaron   nin otro eñadieron.

228   Apartó de sus monjes   los más familïares,
los que tenién en casa,   los mayores logares;
«Amigos, -dijo- ruégovos   com a buenos reglares,
lo que decirvos quiero   que no lo retrayades.

229   Vedíame en sueños   en un fiero logar,
oriella de un flumen   tan fuerte como mar;
quiquiere habrié miedo   por a él se plegar,
ca era pavoroso   e bravo de pasar.

230   Ixién d'elli dos ríos,   dos aguas bien cabdales,
ríos eran muy fondos,   non pocos regajales;
blanco era el uno   como piedras cristales,
el otro plus bermejo   que vino de Parrales.

231   Vedía una puente   enna madre primera,
       habié palmo e medio   ca más ancha non era;
       de vidrio era toda,   non de otra madera,
       era por non mentirvos   pavorosa carrera.

232   Con almátigas blancas   de finos ciclatones,
       en cabo de la puent   estaban dos barones,
       los pechos orfresados,   mangas e cabezones,
       non dizrién el adobo   loquele nec sermones.

233   La una d'estas ambas   tan honradas personas,
       tenié enna su mano   dos preciosas coronas,
       de oro bien obradas,   homne vío tan bonas,
       nin un homne a otro   non dio tan ricas donas.

234   El otro tenié una   seis tantos más fermosa,
       que tenié en su cerco   mucha piedra preciosa;
       más lucié que el sol   tant era de lumnosa,
       nuncua homne de carne   vío tan bella cosa.

235   Clamome el primero   que tenié las dobladas,
       que pasase a ellos,   entrase por las gradas;
       díjili yo que eran   aviesas las pasadas,
       dijo él que sin dubda   entrase a osadas.

236   Metime por la puente   maguer estrecha era,
       pasé tan sin embargo   como por grand rarera;
       recibiéronme ellos   de fermosa manera,
       viniendo contra mí   por media la carrera.

237   «Fraire, plaznos contigo,   -dijo el blanqueado-
       tú seas bienvenido   e de nos bien trovado;
       viniemos por decirte   un sabroso mandado,

cuando te lo dijiéremos,   terraste por pagado.

238   Aquestas que tú vedes,   coronas tan honradas,
       nuestro Señor las tiene   pora ti condesadas;
       cata que las non pierdas   cuando las has ganadas,
       ca querrié el dïablo   habértelas furtadas.»

239   Díjilis yo: «Señores,   por Dios que me oyades.
       ¿Por qué viene aquesto?   que vos me lo digades;
       yo non só de tal vida   nin fiz tales bondades,
       la razón de la cosa   vos me la descubrades.»

240   «Bona razón demandas,   -dijo el mensajero-,
       a eso te daremos   responso bien certero;
       la una porque fuisti   casto e buen claustrero,
       a la obedïencia   non fuisti refertero.

241   La otra te ganó   mieña sancta María,
       porque la su eglesia   consegró la tu guía;
       en el su monesterio   fecist grand mejoría,
       es mucho tu pagada,   ende te la envía.

242   Esta otra tercera   de tan rica facienda,
       por esti monesterio   que es en tu comienda,
       que andaba en yerro   como bestia sin rienda,
       has tú sacado ende   pobreza e contienda.

243   Si tú perseverares   en las mañas usadas,
       tuyas son las coronas,   ten que las has ganadas;
       habrán por ti repaire   muchas gentes lazradas,
       que vernán sin consejo,   irán aconsejadas.»

244   Luego que me hobieron   esta razón contada,

tolliéronseme d'ojos,   non podí veer nada;
desperté e signeme   con mi mano alzada,
tenía, Dios lo sabe,   la voluntad cambiada.

245   Pensemos de las almas,   fraires e compañeros,
a Dios e a los homnes   seamos verdaderos;
si fuéremos leales   a Dios e derecheros,
ganariemos corona   que val más que dineros.

246   Por esti sieglo pobre   que poco durará,
non perdamos el otro   que nuncua finará.
mezquindad por riqueza,   ¿quí no lo cambiará?
Qui buscarlo quisiere   rehez la trovará.

247   Demás bien vos lo ruego,   pídovoslo en don,
que yaga en secreto   esta mi confesión;
non sea descubierta   fasta otra sazón,
fasta salga mi alma   d'esta carnal presón.»

248   Señor sancto Domingo,   lumne de las Españas,
otras vío sin ésta   visïones extrañas,
mas non gelas oyeron   fraires de sus compañas,
ca celadas las tovo   dentro en sus entrañas.

249   Por estas visïones   que Dios li demostraba,
ninguna vanagloria   en él non encarnaba;
por servir a don Cristo   más se escalentaba,
a otras vanidades   cabeza non tornaba.

250   Asaz querié la carne,   el dïablo con ella,
tollerlo del buen siesto,   meterlo a la pella;
no lo podieron fer,   ond habién grand querella,
porque del sol tan cerca   sedié esta estrella.

251   Del ruego que dijiera   a los sus compañeros,
           que no lo descubriesen,   fóronli derecheros;
           foron mientre él visco   bonos poridaderos,
           non querién del su padre   exir por mestureros.

252   Señor sancto Domingo,   confesor tan honrado,
           debe a San Martino   seer aparejado,
           que vío a don Cristo   del manto abrigado,
           el que él dado hobo   al mezquino lazrado.

253   El confesor glorioso,   digno de adorar,
           en todas las maneras   lo quiso Dios honrar;
           en todos los oficios   lo quiso heredar
           por en el paraíso   mayor gloria li dar.

254   Enna sazón primera   fo pastor de ganado,
           un oficio que era   esi tiempo usado;
           desend apriso letras,   fo preste ordenado,
           maestro de las almas,   discreto e temprado.

255   Depués fo ermitaño   en que fo muy lazrado,
           viviendo por los yermos,   del pueblo apartado,
           vediendo malos gestos,   mucho mal encontrado,
           do sufrió más martirio   que algún martiriado.

256   Desend entró en orden,   fizo obedïencia,
           puso todo su pleito   en ajena potencia;
           probó como tan bono,   fo de tal pacïencia,
           como si lo hobiese   preso in penitencia.

257   Aún de la mongía   subió en mayor grado,
           el abad de la casa   dioli el priorado;

todo vos lo habemos   dicho e regunzado,
en cual fuego se vío,   cómo fue socarrado.

258   En cabo el bon homne,   pleno de sanctidad,
porque fose complido   de toda dignidad,
quísolo Dios que fuese   electo en abad;
el elector en ello   non erró de verdad.

259   Sin todas estas honras   que habié recebidas,
dioli Dios otras gracias   honradas e complidas:
de veer visïones,   personas revestidas,
oír tales promesas   cuales vos he leídas.

260   Aún sin esta toda   tan luenga ledanía,
diéronli otro precio   Dios e sancta María:
pusieron en su lengua   virtud de profecía,
ca profetó sin dubda,   esto por conocía.

261   Por amor que creades   que vos digo verdad,
quiérovos dar a esto   una auctoridad,
cómo fo él profeta,   fabló certanidad,
por ond fo afirmada   la su grand sanctidad.

262   Sant Vicent habié nomne   un mártir ancïano,
Sabina e Cristeta,   de ambas fo hermano;
todos por Dios murieron   de violenta mano,
todos yacién en Ávila,   non vos miento un grano.

263   El reÿ don Fernando,   siempre amó bondad,
e metié en complirlo   toda su voluntad;
asmó de trasladarlos   a mayor sanctidad,
e meterlos en tumbas   de mejor honestad.

264 Asmó un buen consejo esa fardida lanza,
   traerlos a San Peidro que dicen de Arlanza;
   con esi buen conviento habrién mejor fincanza,
   serién mejor servidos sin ninguna dubdanza.

265 Contra tierra de Lara, faz a una contrada,
   en río de Arlanza en una renconada,
   yace un monesterio, una casa honrada,
   San Peidro de Arlanza es por nomne clamada.

266 Habié un abad sancto, siervo del Criador,
   don García por nomne, de bondad amador;
   era del monesterio cabdiello e señor,
   la greï demostraba cuál era el pastor.

267 En visïón li vino de fer un ministerio,
   aquellos sanctos mártires, cuerpos de tan grand
   precio,
   que los desoterrase del viejo ciminterio,
   e que los adujiese pora'l su monesterio.

268 Fabló con esi rey al que Dios dé bon poso,
   al que dicién Fernando, un príncep muy precioso;
   tóvolo por buen seso e por fecho fermoso,
   non fo pora complirlo el abad perezoso.

269 Convidó los obispos e los provincïales,
   abades e priores, otros monjes claustrales,
   dïáconos e prestes, otras personas tales,
   de los del señorío todos los mayorales.

270 Foron y caballeros e grandes infanzones,
   de los pueblos menudos mujieres e varones;

de diversas maneras   eran las procesiones,
unos cantaban laúdes,   otros dicién canciones.

271 Adujieron el cuerpo   de señor san Vicent,
     e de las sus hermanas,   honrados bien e gent,
     todos cantando laúdes   al Dios omnipotent,
     que sobre pecadores   ha siempre cosiment.

272 Travesaron el Duero,   esa agua cabdal,
     abueltas Duratón,   Esgueva otro tal;
     plegaron a Arlanza   acerca del hostal,
     non entrarién las gentes   en sivuelque corral.

273 Señor sancto Domingo,   el natural de Cañas,
     que nasció en bon punto,   pleno de bonas mañas,
     y vinié cabdellando   esas bonas compañas,
     faciendo captenencias   que non habrién calañas.

274 Condesaron los cuerpos   otro día mañana,
     Vincencio e Sabina,   Cristeta su hermana;
     metiéronlos en tumba   firme e adïana,
     facié grand alegría   esa gent castellana.

275 En esa traslatión   de estos tres hermanos
     fueron muchos enfermos   de los dolores sanos,
     los unos de los piedes,   los otros de las manos,
     ond rendién a Dios gracias   cristianas e cristianos.

276 Abades e obispos   e calonges reglares
     levaron end reliquias   todos a sus logares,
     mas el abad de Silos   e sus familïares
     solo no las osaron   tañer de los polgares.

277 Fue a su monesterio el bon abad bendito,
   fo de sus compañeros mucho bien recebido;
   dijo él: «*Benedicite*» en voz muy bien sabrido,
   dijieron ellos «*Dominus*» en son bono complido.

278 Díjolis al conviento: «Por Dios, que me oyades,
   saludarvos envían obispos e abades;
   a rogarvos envían, por Dios que lo fagades,
   en vuestras oraciones que vos los recibades.»

279 «Señor -dijieron ellos- cuando a ti cobramos,
   a Dios rendemos gracias, más alegres andamos;
   eso ál que nos dices todo lo otorgamos,
   mas por una cosiella murmurantes estamos.

280 De las sanctas reliquias que a cuestas trasiestes,
   a cuantos las pidieron d'ellas a todos diestes;
   a vuestro monesterio d'ellas non adujiestes,
   tenemos que en esto negligencia ficiestes.»

281 Fabló contra est dicho la boca verdadera,
   recudió buenamientre, dio respuesta certera;
   «Amigos, -diz- por esto non hayades dentera,
   Dios vos dará consejo por alguna manera.

282 Si vos a Dios leales quisiéredes seer
   e los sus mandamientos quisiéredes tener,
   El vos dará reliquias que veredes placer,
   yo sé que non podredes en esto fallecer.

283 Si non nos lo tollieren nuestros graves pecados,
   cuerpo sancto habredes que seredes pagados;
   seredes de reliquias ricos e abondados,

de algunos vecinos   seredes envidiados.»

284   Señor sancto Domingo,   que esto lis dicié,
profetaba la cosa   que a venir habié;
maguer lo profetaba   él no lo entendié,
que esta profecía   en él mismo cayé.

285   Algunos de los monjes   que esto li udién,
esta adevinanza   por nada la tenién;
los otros más maduros   que más seso habién,
tenién que estos dichos   balderos non serién.

286   Demientre que él visco   todo lo pospusieron,
mas deque fue pasado   los miraglos vidieron;
membrolis d'esti dicho,   estonz lo entendieron,
que las adevinanzas   verdaderas ixieron.

287   En esto lo debemos,   señores, entender,
lo que ante dijiemos   podédeslo creer,
que fue vero profeta,   dioli Dios grand poder,
e grand espiramiento   en decir e en fer.

288   Señores, *Deo gracias*,   contado vos habemos
de la su sancta vida   lo que saber podemos;
desaquí, ayudándonos   el Dios en qui creemos,
esti libro finamos,   en otro contendremos.

Libro II

289   Querémosvos un otro   libriello comenzar,
    e de los sus miraglos   algunos regunzar,
    los que Dios en su vida   quiso por él mostrar;
    cuyos joglares somos,   él nos deñe guiar.

290   Una mujier de Castro,   el que dicen Cisneros,
    María habié nomne   de los días primeros,
    vistió sus buenos paños,   aguisó sus dineros,
    ixió pora mercado   con otros compañeros.

291   Alegre e bien sana   metiose en carrera,
    no lo sé bien si iba   de pie o caballera,
    enfermó adesoras   de tan fiera manera
    que se fizo tan dura   como una madera.

292   Perdió ambos los piedes,   non se podié mover,
    los dedos de las manos   no los podié tender,
    los ojos tan turbados   que non podié veer,
    ningunos de los miembros   non habién su poder.

293   habié de su estado   demudada la boca,
    fablaba de la lengua   mucha palabra loca;
    nin mandado nin parte   non sabié de su toca,
    habién los compañeros   grand rencura, non poca.

294   Com habié ojos feos,   la boca habié tuerta,
    cualquiere de los brazos   tal como verga tuerta,
    non podrié del fogar   exir fasta la puerta,
    todos sus bienquerientes   querriénla veer muerta.

295   habién cueita e duelo   todos sus conoscientes,

non sabién quel ficiesen   amigos nin parientes;
metió en esa cosa   uno cual que fo mientes,
que non guarrié la dueña   por emplastos calientes.

296   Asmó que la levasen   al sancto confesor,
al natural de Cañas,   de Silos morador,
elli cuand la vidiese   habrié d'ella dolor,
ganarli yé salud   de Dios nuestro Señor.

297   Semejolis a todos   que buen consejo era,
prisiéronla en hombros,   entraron en carrera;
oras tornaba verde,   oras tal como cera,
ca eran los dolores   non de una manera.

298   Leváronla a Silos   la enferma lazrada,
fo delante la puerta   del confesor echada;
non semejaba viva   mas que era pasada,
era de la su vida   la gent desfeüzada.

299   El confesor precioso   de los fechos cabdales,
ligero e alegre   por en cosas atales,
ixió luego a ellos   fuera por los corrales,
mandolis que entrasen   dentro a los hostales.

300   Mandó los hostaleros   de los homnes pensar,
comieron queque era,   o cena o yantar;
entró él a la glesia   al Criador rogar,
por a la paralítica   salut li acabdar.

301   Cató al crucifijo,   dijo: «Aÿ, Señor,
que de cielo e tierra   eres emperador,
que a Adam casesti   con Eva su ujor,
a esta buena femna   quítala d'est dolor.

302   Deque a esta casa   viva es aplegada,
        Señor, mercet te clamo   que torne mejorada;
        que esta su compaña   que anda tan lazrada
        al torno d'est embargo   sea desembargada.

303   Estos sus compañeros   que andan tan lazrados,
        que sieden desmarridos,   dolientes e cansados,
        entiendan la tu gracia,   ond sean confortados,
        e lauden el tu nomne,   alegres e pagados.»

304   Por confortar los homnes   el anviso varón
        abrevïó, non quiso   fer luenga oración,
        exió luego a ellos,   diolis la refectión,
        diolis pronunciamiento   de gran consolación.

305   «Amigos, -diz- roguemos   todos de corazón
        a Dios por esta dueña   que yaz en tal presón,
        que li tome su seso,   deli su visïón,
        que pierda esta cueta,   finque sin lesïón.»

306   El clamor fo devoto   a todo su poder,
        fo de Dios exaudido,   hobo d'ello placer;
        abrió ella los ojos   e pidió a beber,
        plogo mucho a todos   más que con grand haber.

307   Mandó el sancto padre   que trasquiesen del vino,
        mandó que calentasen   d'ello en un catino;
        bendíjolo él mismo   puesto en un copino,
        diógelo a beber   en el nomne divino.

308   Así como lo hobo   de la boca pasado,

la dueña fo guarida,   el dolor amansado;
salió fuera del lecho,   enfestose privado,
diciendo: «¡Tan buen día,   Dios, tú seas laudado!».

309   Cayoli a los piedes   al confesor honrado,
«Señor -dijo- e padre,   en buen punto fust nado;
entiendo bien que eres   del Criador amado,
ca de los tus servicios   mucho es El pagado.

310   Entiendo e conosco   que por ti só guarida,
por ti cobré los miembros,   el seso e la vida;
esta merced de Dios   te sea gradecida,
ca sé que por tu gracia   só del lecho exida.»

311   Recudió el buen padre,   quísola castigar,
«Amiga -diz- non fablas   como debiés fablar;
a Dios señero debes   bendecir e laudar
porque de tan grand cueta   te deñó delibrar.

312   La su virtud preciosa   que te deñó guarir,
a ésa sola debes   laudar e bendecir;
tú contra mí tal cosa   no la debes decir,
nin quiero que lo digas   ni la quiero odir.

313   Fija, ve benedicta,   torna a tu logar,
exist pora mercado,   tiempo has de tornar;
mas en cuanto podieres,   guárdate de pecar,
debe est majamiento   por siempre te membrar.»

314   Fincó el padre sancto   entro en su mongía,
al Criador sirviendo   e a sancta María;
bien sana e alegre   fo la dueña su vía,
la vecindad con ella   hobo grand alegría.

315   Señores, sim quisiésedes   un poquiello sofrir,
non querría con esto   de vos me expedir;
de un otro miraglo   vos querría decir,
por amor del buen padre   debédeslo odir.

316   Una manceba era   que habié nomne Oria,
niña era de días   como diz la historia;
facer a Dios servicio,   ésa era su gloria,
en nula otra cosa   non tenié su memoria.

317   Era esta manceba   de Dios enamorada,
por otras vanidades   non daba ella nada;
niña era de días,   de seso acabada,
más querrié seer ciega   que veerse casada.

318   Querié oír las oras   más que otros cantares,
lo que dicién los clérigos   más que otros joglares;
yazrié si la dejasen   cerca de los altares
o andarié descalza   por los sanctos logares.

319   De la soror de Lázaro   era muy envidiosa,
que sedié a los piedes   de Cristo specïosa,
udiendo qué dicié   la su boca preciosa,
ond Marta su hermana   andaba querellosa.

320   Cuando vío la niña   la sazón aguisada,
desamparó la casa   en que fuera criada;
fo al confesor sancto,   romeruela lazrada,
cayoli a los piedes   luego que fue plegada.

321   «Señor, -dijo- e padre,   yo a ti só venida,
quiero con tu consejo   prender forma de vida;

de la vida del sieglo   vengo bien expedida,
si más a ella torno   téngome por perdida.

322   Señor, si Dios lo quiere,   tal es mi voluntad,
prender orden e velo,   vevir en castidad,
en un rencón cerrado   yacer en pobredad,
vevir de lo quem diere   por Dios la cristiandad.»

323   Dijo el padre sancto: «Amiga, Dios lo quiera
que puedas mantenerla,   esa vida tan fiera;
si bien no lo cumplieres,   mucho más te valiera
vevir en atal ley   com tu madre toviera.»

324   «Padre, -dijo la niña-   en merced te lo pido,
esto que te demando   luego sea complido;
por Dios que no lo tardes,   padre de buen sentido,
non quieras esti pleito   que caya en oblido.»

325   Entendió el confesor   que era aspirada,
físola con su mano   soror toca-negrada;
fo end a pocos días   fecha emparedada,
hobo grand alegría   cuando fo encerrada.

326   Ixió de bona vida   e de grand abstinencia,
humild e verdadera,   de bona paciencia,
orador e alegre,   de limpia continencia,
en fer a Dios servicio   metié toda femencia.

327   El mortal enemigo,   pleno de travesura,
que suso en los cielos   buscó mala ventura,
por espantar la dueña   que hobiese pavura,
facieli malos gestos,   mucha mala figura.

328   Prendié forma de sierpe   el traïdor probado,
poniéseli delante   el pescuezo alzado;
oras se fació chico,   oras grand desguisado,
a las veces bien grueso,   a las veces delgado.

329   Guerreábala mucho   aquel que Dios maldiga,
por espantar a ella   fació mucha nemiga;
la beneíta niña,   del Criador amiga,
vivié en grand lacerio,   quiquier que ál vos diga.

330   En esa misma forma,   cosa es verdadera,
acometió a Eva,   de Adam compañera,
cuando mordieron ambos   la devedada pera;
sentímosla los nietos   aún esa dentera.

331   La reclusa con cueta   non sopo ál qué fer,
envïó al buen padre   férgelo entender;
entendiolo él luego   lo que podié seer,
metiose en carrera,   vínola a veer.

332   Cuando plegó a ella   fízola confesar,
de la agua bendita   echó por el casar;
cantó él mismo misa,   mandola comulgar;
fuyó el vezín malo   a todo su pesar.

333   Tornó a su eglesia   el sancto confesor,
fincó en paz la dueña,   sierva del Criador;
fue mal escarmentado   el draco traïdor,
depués nuncua paresco   en esi derredor.

334   Oímos esto misme   de señor san Millán,
que fizo tal miraglo   yo lo leí de plan;
de casa de Onorio   segudó un satán,

que facié continencias   más sucias que un can.

335   Un otro bel miraglo   vos querría decir
que fizo est confesor,   sabroso de oír;
maguer vos enogedes   debédesvos sofrir,
vos dizredes que era   bueno de escribir.

336   En comarca de Silos,   el logar non sabemos,
habié un homne ciego,   d'élli vos fablaremos;
de cuál guisa cegara   esto no lo leemos,
lo que non es escripto   no lo afirmaremos.

337   Johán habié por nomne,   si saberlo queredes,
vivié en grand tristicia   cual entender podedes;
habié sin esta coita   que oído habedes
tal mal a las orejas   que royé las paredes.

338   Si era de linaje   o era labrador
no lo diz la leyenda   non só yo sabidor;
mas dejémoslo eso,   digamos lo mejor,
lo que cae en precio   del sancto confesor.

339   Fízose aducir   esti ciego lazrado
a la casa del monje   de suso ementado,
ca creyé bien afirmes,   estaba feüzado
que serié d'esta coita   por elli terminado.

340   Cuando fue a la puerta   de San Sebastïán,
non quiso el mezquino   pedir vino nin pan,
mas dicié: «Aÿ, padre,   por señor san Millán,
que te prenda cordojo   de esti mi afán.

341   Padre, allá do yaces,   yo a ti vin buscar,

o exi tú o manda   a mí allá entrar;
señor, yo non podría   partirme d'est logar
fasta que tú me mandes   o seer o tornar.

342   Padre de los lazrados,   déñame visitar,
pon sobre mí tu mano,   sígname del polgar;
solo que yo podiese   la tu mano besar
de toda esta coita   cuidaría sanar.»

343   El padre beneíto,   bien entro do estaba,
oyó los apellidos   que esti ciego daba;
ixió e preguntoli   cuál cosa demandaba,
dijo elli que lumne,   ca ál non cobdiciaba.

344   Señor sancto Domingo   por en tales liviano,
guïolo elli misme,   prísolo por la mano;
metiolo a la casa   el perfecto cristiano,
diéronli lo que daban   a los otros cutiano.

345   Oró toda la noche   el sancto confesor,
al Reÿ de los Cielos,   cabdal emperador,
que li diese su lumne   a est mesellador,
e de las sus orejas   tolliese la dolor.

346   Entró enna mañana   a la misa decir,
vínola de buen grado   el ciego a oír;
non sabié el mezquino   otra cosa pedir
fueras que li deñase   Dios los ojos abrir.

347   Cuando hobo el debdo   de la misa complido,
el abad con sus fraires,   conviento bien nodrido,
mandó venir el ciego,   luego fue él venido,
cayoli a los piedes   en tierra abatido.

348   Echol con el hisopo   de la agua salada,
consignoli los ojos   con la cruz consagrada;
la dolor e la coita   fue luego amansada,
la lumne que perdiera   fue toda recombrada.

349   Entenderlo podedes,   amigos e señores,
que habié mucho males   de diversas colores,
uno de ceguedad,   ál de graves dolores,
mas de todo bien sano   rendié a Dios lodores.

350   Dijo el padre sancto: «Amigo, ve tu vía,
gradécilo a Dios   que vas con mejoría;
cúriate que non peques   e non fagas follía,
ca será por tu tidio   si faces recadía.»

351   Muchos son los miraglos   que d'est padre
sabemos,
los unos que oímos,   los otros que leemos;
en dubda nos paramos   en cuál empezaremos,
mas a cual part que sea   a devïar habremos.

352   D'esta sazón los otros   quiérolos fer esquivos,
decir uno e miémbrevos   mientre fuéredes vivos,
cómo ganó la gracia   que saca los cativos,
por ond de luengas tierras   li envían bodivos.

353   Eran en esi tiempo   los moros muy vecinos,
non osaban los homnes   andar por los caminos,
daban las cosas malas   salto a los matinos,
levavan cruamientre   en soga los mezquinos.

354   Dieron por aventura   salto una vegada,

alliñaron a Soto   esa gent renegada,
prisieron un mancebo   en esa cavalgada,
Domingo habié nomne,   non fallesco en nada.

355   Metiéronlo en fierros   e en dura cadena,
de lazrar e de famne   dábanli fiera pena;
dábanli yantar mala   e non buena la cena,
combrié si gelo diesen   de grado pan d'avena.

356   Aquel es bien mezquino   que cae en tal mano,
en cosiment de canes   cuando yaz el cristiano;
en dicho e en fecho   afóntanlo cutiano,
anda mal en ivierno,   non mejor en verano.

357   Parientes del cativo   habién muy grand pesar,
hobieron por cient cientos   sueldos a pleitear;
mas non habién consejo   que podiesen pagar,
ca non podién por nada   los dineros ganar.

358   De toda la ganancia,   con toda su misión,
apenas aplegaron   la media redemption;
estaban en desarro   e en comeditión,
tenién que a fincar   habrié en la presón.

359   Asmaron un consejo,   de Dios fo envïado,
que fuesen a pedir   al confesor honrado;
homne que li pidiese   nuncua fo repoyado,
si él no lis valiese   todo era librado.

360   Cuales que foron d'ellos,   o primos o hermanos,
fueron al padre sancto   por besarli las manos;
dijieron: «Aÿ, padre,   de enfermos e sanos,
udi nuestra rencura,   algún consejo danos.

361 Es un nuestro pariente   de moros cativado,
enna presón yaciendo   es fierament lazrado;
habemos con los moros   el precio destajado,
mas non cumple lo nuestro   nin lo que nos han dado.

362 Señor bueno, ayuda   te viniemos pedir,
ya por nuestra ventura   nos sabemos dó ir;
tú sabes en qué cae   cativos redimir,
Dios cómo lo gradece   al qui lo pued complir.»

363 El padre pïadoso   empezó de plorar,
«Amigos -diz- daría   si toviese qué dar,
non podría en cosa   mejor lo emplear,
lo que meter podiese   en cativos sacar.

364 Non habemos dineros,   nin oro nin argent,
un caballo tenemos   en casa solament;
nos esi vos daremos   de grado en present,
cumpla lo que falliere   el Rey omnipotent.

365 Levad agora eso   lo que darvos podemos,
mientre eso guïades   por ál vos cataremos,
lo que catar podiéremos   envïárvoslo hemos,
como en Dios fiamos   el preso cobraremos.

366 Fueron ellos su vía   su cosa aguisar,
por vender el caballo,   en haber lo tornar;
el padre cordojoso   entró a su altar,
como era usado,   al Criador rogar.

367 La noche escorrida,   luego a los albores,
cantó la sancta misa   elli con los señores;

tovieron por el preso   oración e clamores,
que Dios lo delibrase   de tales guardadores.

368   La oración del padre   de la grand sanctidad
levola a los cielos   la sancta caridad;
plegó a las orejas   del Rey de majestad,
escapó el captivo   de la captividad.

369   Abriéronse los fierros   en que yacié travado,
el corral nol retovo,   que era bien cerrado;
tornó a sus parientes   de los fierros cargado,
faciese elli mismo   d'ello maravillado.

370   Lo que lis prometiera   el padre verdadero,
tardar non gelo quiso   pora'l día tercero;
desembargó al moro   que era carcelero,
de guisa que non hobo   d'élli un mal dinero.

371   Sopieron del cativo   cuál ora escapó,
vidieron que fo ésa   que la misa cantó;
entendién que el padre   sancto lo basteció,
ésta fo la ayuda   que lis él prometió.

372   Las compañas del preso,   amigos e parientes,
e avueltas con ellos   todas las otras yentes,
todos por ond estaban   metién en esto mientes,
que facié est confesor   milagros muy valientes.

373   Señor sancto Domingo,   complido de bondad,
porque fo tan devoto   e de tal caridad,
por sacar el cativo   de la captividad
dioli Dios bona gracia   como por heredad.

374   Diéronli alta gracia   estos merecimientos,
que face ennos moros   grandes escarnimientos;
quebrántalis las cárceres,   tórnalos sonolientos,
sácalis los cativos   a los fadamalientos,
de guisa que non haben   nin oro nin argientos.

375   Est confesor tan sancto,   de tan alta facienda,
que fizo más de bienes   que non diz la leyenda,
él nos guarde las almas,   los cuerpos nos defienda,
como en paz vivamos,   excusemos contienda.

376   Fizo otra vegada   una grand cortesía,
si oírme quisiésedes   bien vos la contaría;
así como yo creo poco vos deterría,
non combredes por ello   vuestra yantar más fría.

377   habié un huerto bueno   el varón acabado,
era de buenos puerros   el huerto bien poblado;
ladrones de la tierra,   movielos el Pecado,
vinieron a furtarlos   el pueblo aquedado.

378   En toda una noche   fasta vino el día,
cavaron en el huerto   de la sancta mongía,
mas rancar non podieron   puerro nin chirivía,
fuera que barbecharon   lo que yacié ería.

379   El señor grand mañana   demandó los claveros,
«Fraires -dijo- sepades   que habemos obreros;
cavado han el huerto,   d'esto seet certeros,
aguisad como coman   e lieven sus dineros.»

380   Fo a ellos al huerto,   el sancto confesor,
«Amigos -diz- habedes   fecha bona labor;

téngavoslo en grado   Dios el nuestro Señor,
venid e yantaredes   al nuestro refitor.»

381   Hobieron grand vergüenza   en esto los peones,
cayéronli a piedes,   echaron los legones;
«Mercet, señor, -dijieron-   por Dios que nos
perdones,
yacemos en grand culpa   por muchas de razones.»

382   Dijo el padre sancto: «Amigos, non dubdedes,
aún esta vegada   buen perdón ganaredes,
d'esti vuestro lacerio   vuestro loguer habredes,
mas tales trasnochadas   mucho no las usedes.»

383   Fartáronlos e fuéronse   allá onde vinieron,
nuncua lo oblidaron   el miedo que hobieron;
tenienlo por fazaña   cuantos que lo oyeron,
homne de tal mesura   dicién que non vidieron.

384   Todos los sus miraglos   ¿quí los podrié contar?
Non lis dariemos cabo   nin habriemos vagar;
ennos que son contados   lo podedes asmar
de cuál mérito era   el barón de prestar.

385   Si de oír miraglos   habedes grand sabor,
corred al monesterio   del sancto confesor;
por ojo los veredes,   sabervos han mejor,
ca cutiano los face,   gracias a Criador.

386   Y fallaredes muchos   que son end sabidores,
siquiere de mancebos,   siquiere de mayores;
decirvos han mil pares   de tales o mejores,
qui sacarlos quisiere   busque escribidores.

387   Aún non me semeja   con esto me alzar,
         unos pocos miraclos   quiero aún contar;
         non quiero por tan poco   las gracias acabdar,
         non me quiero en cabo   del río enfogar.

388   Un conde de Galicia   que fuera valïado,
         Pelayo habié nomne,   homne fo esforzado;
         perdió la visïón,   andaba embargado,
         ca homne que non vede   non debié seer nado.

389   Yendo de sant en sancto   faciendo romerías,
         contendiendo con menges,   comprando las mengías,
         habié mucho espeso   en vanas maestrías,
         tanto que serié pobre   ante de pocos días.

390   Entendió d'est confesor   que era tan complido,
         que era en sus cosas   de Dios tanto querido,
         pero hóbolo elli   bien ante conocido,
         credié bien que por elli   podrié seer guarido.

391   Aguisó su facienda   cuanto podió mejor,
         fízose a la casa   traer del confesor;
         empezó a rogarlo   a una grand dulzor
         que quisiese por elli   rogar al Criador.

392   Si por elli rogase   credié bien firmement
         que li darié consejo   el Rey omnipotent;
         empezó a plorar   tan aturadament
         que facié de grand duelo   plorar toda la gent.

393   Hobo duelo del conde   el confesor honrado,
         que vedié tan grand príncep   seer tan aterrado;

tornó a su estudio	que habié costumnado,
rogar a Jesu Cristo	qui por nos fue aspado.

394
Cuando hobo orado,	la oración finada,
mandó traer la agua	de la su fuent honrada;
bendíjola él misme	con su mano sagrada,
en cascún de los ojos	echó una puñada.

395
La virtud de los cielos	fo luego y venida,
cobró la luz el conde	la que habié perdida;
fo luego de la cara	la tiniebra tollida,
non la hobo tan bona	en toda la su vida.

396
Ufrió buena ofrenda,	buen present e granado,
rendiendo a Dios gracias	e al sancto prelado;
como qui su negocio	ha tan bien recabdado,
pagado e alegre	tornó a su condado.

397
Fizo otro miraclo	esi claro barón,
en que trabajó mucho	por una grand sazón,
faciendo gran jejunio,	cutiana oración,
sufriendo en su cuerpo	muy grand aflictïón.

398
Era un homne bono	de Gomiel natural,
Garci Munoz por nomne,	habié un fiero mal;
prendielo a las veces	una gota mortal,
homne qui esa vío	non vío su egual.

399
Soliélo esta gota	tomar al corazón,
tolliéli la memoria,	fabla e visïón;
non habié nul acuerdo	nin entendié razón,
vivién todos por elli	en grand tribulatión.

400   La gota maleíta   de guisa lo prendié
que de todos los sesos   ninguno non sintié;
lo que peor lis era,   unos gestos facié
que tenién muchos homnes   que demonio habié.

401   Era la cosa mala   de tan mala natura
que li facié torvar   toda la catadura;
facié el homne bono   tanta desapostura
que todos sus amigos   vivién en grand ardura.

402   Eran de su salud   todos desfeüzados,
tanto vedién en elli   signos desaguisados;
si lo toviesen muerto   non serién más plagados,
ca se tenién por ello   todos por deshonrados.

403   Oratión nin jejunio   no li valieron nada,
nin escantos nin menges   nin cirio nin oblada;
por ninguna manera   nol trovaban entrada,
nuncua vidieron homnes   cosa tan entecada.

404   El enfermo él misme   querrié seer más muerto
ca a parte ninguna   non trovaba confuerto;
si non porque la alma   prendié en ello tuerto,
por lo ál más querrié   colgar en un veluerto.

405   El confesor caboso,   pleno de caridad,
oyó decir por nuevas   d'esta enfermedad;
hobo ende grand duelo,   pesol de voluntad,
dicié: «Aÿ, Señor,   tú fes y pïadad.»

406   Envïó su mensaje,   su carta seellada,
a parientes del homne   de la vida lazrada,
que gelo adujiesen   fasta la su posada,

podrié seer bien lieve   sano a la tornada.

407   Parientes e amigos,   el misme don García,
con es mensaje bono   hobieron alegría;
aguisaron su cosa   por fer su romería,
por levar el enfermo   a Silos la mongía.

408   Fueron al monesterio   los romeros venidos,
del padre benedicto   fueron bien recebidos;
fueron bien hospedados   e fueron bien servidos,
asmaban que en cabo   serién bien escorridos.

409   Tornó a su costumne   el sancto confesor,
entró a la eglesia   rogar al Criador,
que tolliese d'est homne   esti tan grand dolor,
que non habié en elli   nin sangre nin color.

410   Era la malatía   vieja e porfidiosa,
de guarecer muy mala,   de natura rabiosa;
no la podié nul menge   guarir por nula cosa,
dicié: «Válasme, Cristo,   fijo de la Gloriosa.»

411   Dicié el homne bueno   entre su voluntad:
«Válasme, Rey de Gloria,   que eres trinidad,
só en fiero afruento   con tal enfermedad,
si me non acorriere   la tu grand pïadad.

412   Mas maguer nos lazremos,   como en ti fiamos,
tu merced ganaremos   de lo que te rogamos;
Señor, en ti yaz todo,   así lo otorgamos,
el fructo de la cosa   en ti lo esperamos.»

413   El padre cordojoso   diose a grand lacerio,

velaba e oraba,   rezaba el salterio;
habié ayudadores   fraires del monesterio,
todos eran devotos   en esti ministerio.

414   Prendié sobre sus carnes   grandes aflictïones,
conduchos descondidos,   muy frías collationes,
faciendo amenudo   preces e oraciones,
vertiendo muchas lágremas   ennas demás sazones.

415   Perseveró el padre   sufriendo tales penas,
sobre Garci Muñoz   tovo tales novenas;
era tan descarnado   en estas cuarentenas,
como qui yace preso   luengament en cadenas.

416   Maguer era la gota   contraria de sanar,
el confesor caboso   hóbola a sacar,
ca non quiso el campo   elli desamparar
fasta non ixió ella   a todo su pesar.

417   Don García fo sano,   gracias al Criador,
fincó con su victoria   el sancto confesor;
todos tenién que era   est miraclo mayor
e de todos los otros   semejaba señor.

418   Los otros en un día   los envïaba sanos,
que lis daba los ojos,   los piedes e las manos;
en esti metió mucho   con sus bonos cristianos,
que bien li ayudaban   como bonos hermanos.

419   Otro homne de Yécola   cogió un mal vezado,
Garci Muñoz por nomne,   así era clamado;
era de sus vecinos   traïdor bien probado,
tal que habié derecho   de seer enforzado.

420   Furtábalis las mieses   al tiempo del segar,
no lis podrié el falso   peor guerra buscar;
si por su auce mala   lo podiesen tomar,
por haber monedado   non podrié escapar.

421   Desamparó la tierra   ca temié mal prender,
pasó allén la sierra   a agosto coger;
el su menester malo   no lo quiso perder,
prisiéronlo segando,   querienlo expender.

422   Vino sancto Domingo   do lo querién dañar,
pidió que gelo diesen,   hóbolo a ganar;
díjoli que non fuese   pan ajeno furtar,
si non que lo habrié   durament a lazrar.

423   El loco malastrugo,   cuando fo escapado,
luego que fue traspuesto   hóbolo oblidado;
tornó a su locura   el malaventurado,
hobo el sancto padre   a seer mesturado.

424   Por amor que la cosa   fose mejor probada,
adujieron la miese   que él habié segada;
al padrón de los silos   foli delant echada,
dijo él: «Esta cosa   es muy desaguisada.»

425   Entró a la eglesia   al Criador rogar,
echaron las gaviellas   delante del altar;
«Señor, -dijo- tú debes   esta cosa judgar,
tuya es la vergüenza,   piénsala de vengar.»

426   Abés podié seer   la oración complida,
fo la ira de Dios   en el barón venida;

hobo en un ratiello   la memoria perdida,
e la fuerza del cuerpo   fue toda amortida.

427   Vino al padre sancto   a merced li clamar,
que deñase por elli   al Criador rogar,
si esa vez sanase   non irié a furtar,
aún, que jurarié   d'esto no lo falsar.

428   El padre del bon tiento   e de bon conocer,
como que fue non quiso   en eso se meter;
en otra alonganza   no lo quiso tener,
destajógelo luego   qué habié de seer.

429   «García, -dijo- sepas   que yo esto temía,
lo que te hobi dicho   por esto lo dicía,
que si nuncua tornases   en esa tal follía,
cadriés en logar malo   e en grand malatía.

430   Judicio fo del Cielo   ésta tu majadura,
que andabas faciendo   sobra grand desmesura;
una vez te quitamos   de fiera angostura,
e tú de mejorarte   non hobisti ardura.

431   Todo es tu provecho   si tú lo entendieses,
Dios por eso lo fizo   que pecar non podieses;
tú no lo entendriés   si esto non prisieses,
cuant grand pecado era   furtar ajenas mieses.

432   Más vale que enfermo   a Paraíso vayas
que sano e valient   en el infierno cayas;
conviene que lo sufras   maguer lacerio trayas,
ca de tornar cual eras   esperanza non hayas.»

433   Señor sancto Domingo,   lumne de los prelados,
habié en su eglesia   moros herropeados;
fujieron una noche   ond yacién encerrados,
por culpa de las guardas   que foron mal guardados.

434   Engañaron las guardas   ca eran sabidores,
andidieron de noche   bien hasta los albores;
grand mañana por miedo   de algunos pastores,
metiéronse en cueva   los grandes traïdores.

435   Sabienla pocos homnes   ca era apartada,
tenienla como creo   bien ante barruntada;
coidaban exir dende   la gente aquedada,
que ribarien a salvo   do non temiesen nada.

436   Andaba el buen padre   fuera por sus degañas,
recabdando sus cosas   a pro de sus compañas;
entendiolas por Dios   estas nuevas extrañas,
e sopo do entraron   la foz e las montañas.

437   La noche que fujieron   el barón adonado
enna villa de Cluña   prisiera hospedado;
luego a la mañana,   el silentio soltado,
díjolo a sus fraires,   no lo tovo celado.

438   Algunos de los fraires   tenienlo por verdad,
dicién algunos d'ellos   que era vanidad;
vínolis el mensaje   de la fraternidad,
por esi entendieron   toda certanidad.

439   Derramaron los homnes,   prisieron las carreras,
prometieron dineros,   albrizas muy largueras,
mas saber non podieron   nulas nuevas certeras,

ca yacién muy quedados   las cabezas arteras.

440   Prísose con sus homnes   el sancto confesor,
metiose por los montes,   quedó a su sabor;
fo derecho al cabo   como buen venador,
que tiene bien batuda,   non anda en error.

441   Su escápula cinta,   el adalil caboso
vino con sus salidos   a la casa gozoso;
dicién todos que era   fecho maravilloso,
debié seer escripto   a honra del Glorioso.

442   Non osaron los moros   nuncua jamás foír,
ca non sabién consejo   que podiesen guarir;
fuertment escarmentados   pensaron de servir,
el confesor glorioso,   su oficio complir.

443   Un mancebo de casa   que tenié la labor
habié fascas perdido   la mano de dolor;
dijo por elli misa   el donoso señor,
fo luego tan bien sano   como nuncua mejor.

444   Si fo depués o ante   o en esa sazón,
cuandoquiere que sea   una es la razón,
cayeron en grand mengua   en esa maïsón,
non sabién ónd hobiesen   los monjes la ratión.

445   Cuitábanse los monjes   de extraña manera,
que non habié en casa   farina nin cebera,
nin pan que lis cumpliese   una noche señera,
non los cabié la claustra   maguera larga era.

446   Vino el cellerizo   al su padre abad,

«Señor, -diz- tú non sabes   la nuestra pobredad;
non ha pan enna casa,   sépaslo de verdad,
somos, si Dios non vale,   en fiera mezquindad.»

447   Ixió el sancto padre   fuera del oratorio,
mandó todos los monjes   venir al parlatorio;
dijo: «Veo, amigos,   que traedes mormorio,
porque es tan vacío   el nuestro refitorio.

448   Seed firmes en Cristo   e non vos rebatedes,
ante de poco rato   buen consejo habredes;
si en Dios bien fiáredes   nuncua falla veredes,
esto que yo vos digo   todo lo probaredes.»

449   El año era duro,   toda la gent coitada,
toda la tierra era   fallida e menguada;
non fallaban manlieva   de pan nin de cebada,
habién por mal pecado   mengua cada posada.

450   Entró el sancto padre   luego ant el altar,
empezó muy afirmes   al Criador rogar,
que Elli lis deñase   consejo envïar,
ca en ora estaban   de ende se ermar.

451   «Señor, -dijo- que eres   pan de vida clamado,
que con pocos de panes   fartesti grand fonsado,
tú nos envía vito   que sea aguisado,
por ond esti conviento   non sea descuajado.

452   Tú gobiernas las bestias   por domar e domadas,
das cebo a las aves   menudas e granadas,
por ti crían las mieses,   faces las espigadas,
tú cebas las lombrices   que yacen soterradas.

453   Señor, tú que das cebo   a toda creatura,
        envíanos acorro   ca somos en ardura;
        tú vees est conviento   de cuál guisa mormura,
        contra mí tornan todos,   yo só en angostura.»

454   Más era de meidía,   nona querié estar,
        tañió el sacristano,   fóronla a rezar;
        díjola el conviento   mucho de grand vagar,
        maguer eran en mengua   non se querién cuetar.

455   Ixieron de la nona   por entrar a la cena,
        tenién pan asaz poco,   una capsa non plena;
        saberlis yé a trigo   si toviesen avena,
        si pan solo toviesen   non habrién nula pena.

456   Non habié el prior   el címbalo tañido,
        un trotero del rey   fo a ellos venido;
        de abad e de fraires   fo muy bien recebido,
        díjolis tal mensaje   que li fo bien gradido.

457   Díjolis él: «Señores,   el bon rey vos saluda,
        entendió vuestra mengua,   envíavos ayuda;
        davos tres vent medidas   de cebera cernuda,
        en dado que non sea   mudada nin venduda.

458   Abad, envïad luego   vuestros acemileros,
        non seades reptado   de vuestros compañeros;
        los monjes que madurgan   a los gallos primeros
        trasayunar non pueden   como los tercianeros.

459   Señores, cuando esto   hobiéredes comido,
        ál vos dará el rey,   yo lo he entendido;

nuncua mengua habredes   segundo mi sentido,
nin combredes conducho   que non sea condido.»

460   Envïaron por ella,   fo aína venida,
el mayordomo bono   diógela bien medida;
leváronla al forno,   fo luego y cocida,
fo mientre que duró   lealmientre partida.

461   Desende adelante,   porque bien la partieron,
diolis Dios buen consejo,   nuncua mengua hobieron;
los que ante dubdaron   depués se repindieron,
ca los dichos del padre   verdaderos ixieron.

462   Bendicho sea siempre   padre tan adonado,
debe de tod el mundo   seer glorificado;
honrábanlo los reyes,   facién y aguisado,
ca era bien apreso   qui lo habié pagado.

463   En Monte Ruyo era   el preciado varón,
andaba por la tierra   semnando bendición;
sedié entre grand pueblo,   tenielos en sermón,
ixié de la su boca   mucha bona razón.

464   Por ir a Paraíso   buscábalis carrera,
dicié que se guardasen   de la mortal murera,
dezmasen en agosto   lealment su cebera,
diesen de sus ganados   a Dios suert derechera.

465   Non yoguiesen en odio   ca es mortal pecado,
nin catasen agüeros   ca de Dios es vedado;
fuera sea qui fuese   con su mujier casado,
non ficiese fornicio,   si non serié dañado.

466 El qui de tal manera se tenié por errado,
   tomase penitencia de preste ordenado;
   qui tenié lo ajeno de roba o furtado,
   fasta que lo rendiese nol serié perdonado.

467 «Amigos, la almosna, nuncua la oblidedes,
   lo que al pobre diéredes siempre lo cobraredes;
   si almosneros fuéredes almosna trovaredes,
   cual semienza ficiéredes tal era pararedes.

468 Miémbrevos sobre todo de los pobres vecinos,
   que yacen en sus casas menguados e mezquinos;
   de vergüenza non andan como los peregrinos,
   yacen trasayunados, corvos como oncinos.

469 Albergat los romeos que andan desarrados,
   de vuestros vestidiellos dad a los despojados,
   castigad vuestros fijos que non sean osados
   en semnadas ajenas entrar con sus ganados.

470 Mostrad el *Pater Noster* a vuestras creaturas,
   castigad que lo digan yendo por las pasturas,
   más lis valdrá aqueso que chistas nin locuras,
   ca suelen tales mozos fablar muchas orruras.

471 Lo que usa el niño en primera edad,
   depués eso se tiene como por heredad;
   si primero bien usa depués sigue bondad,
   otrosí faz el malo, esto es grand verdad.

472 Non juredes mentira por cuanto vos amades,
   ca seredes perdidos si mentira jurades;
   en falso testimonio non vos entremetades,

si vos entremetedes   la leï quebrantades.

473   Mandamos a los fijos   que honren los parientes,
ténganlos a su grado,   fartos e bien calientes;
por dar el pan a ellos   tuélganlo a sos dientes,
esta leÿ es dada   a todos los credientes.

474   Otra cosa vos miembre   que cutiano veemos,
cuanto aquí ganamos   aquí lo dejaremos;
si con poco naciemos   poco más levaremos,
Dios nos guíe a todos   que las almas salvemos.»

475   El confesor precioso,   el sermón acabdo,
vínoli un enfermo   que era muy lazrado;
gafo natural era,   durament afollado,
non era de vergüenza   de parecer osado.

476   Cayoli a los piedes,   empezol de rogar,
«Padre, yo a ti vengo   por salud demandar;
si tú por mí deñases   una misa cantar,
yo sano e guarido   cuidaría tornar.»

477   El padre piadoso   doliose del mezquino,
fo pora la eglesia   de señor san Martino;
cuando fo acabado   el oficio divino
non hobo el malato   mester otro padrino.

478   En cabo de la misa   el buen misacantano
bendizo sal e agua   coña su sancta mano;
echol sobre 'l enfermo,   tornó luego tan sano
que más non pareció   de la lepra un grano.

479   Señor sancto Domingo,   padrón de los claustreros,

sedié en su cenobio entre sus compañeros;
vino una compaña de desnudos romeros,
nuncua fablar odiestes de otros tan arteros.

480 Asmaron un trabuco las cosas fadeduras,
desaron en San Peidro todas sus vestiduras;
vinieron al buen padre cargados de rencuras,
pidieron que lis diese algunas mudaduras.

481 El homne beneíto por poco non ridié,
ca cuanto habién fecho todo lo entendié;
díjolis que de buena voluntad lo farié,
ca complir tales cosas en debdo li cadié.

482 Envïó un su homne mientre ellos comién,
adocir los vestidos allá de ond sedién;
dieron a todos sendos ca tantos lis cadién,
abés tenién los risos los que lo entendién.

483 Ixieron de la casa fuera a la calleja,
fueron unos con otros faciendo su conseja;
diz el uno: «Aquella la mi saya semeja»,
diz el otro: «Conosco yo la mi capelleja».

484 Cuando unos a otros todos bien se cataron,
vidieron que de nuevo nula ren non ganaron;
los paños que trasquieron ésos mismos levaron,
al padre benedicto más no lo ensayaron.

485 ¿Quí pudo veer nuncua cuerpo tan palaciano,
nin que tan bien podiese jogar a su cristiano?
Nuncua vino a elli nin enfermo nin sano
a qui non alegrase su boca o su mano.

486   Pruebas habemos muchas   en esto e en ál
         que vaso era pleno   de gracia celestial;
         él ruegue por nos todos   al Reÿ spiritual,
         en vida e en muerte   que nos guarde de mal.

487   Quiero pasar al tránsito,   dejar todo lo ál,
         si non y expendremos   todo un temporal;
         aún depués nos finca   una gesta cabdal
         de que farié el homne   un libro general.

488   Lo que el padre sancto   cobdiciaba veer
         -exir d'esti mal sieglo,   en el bono caer,
         de todo su lacerio   el galardón prender-
         cerca vinié el término   que habié de seer.

489   Cerca vinié el término   que habié de morir,
         que se habié la alma   del cuerpo a partir,
         cuando las tres coronas   habié de recebir,
         de las cuales de suso   nos udiestes decir.

490   Como es la natura   de los homnes carnales,
         que ante de la muerte   sienten puntas mortales,
         hobo el sancto padre   sentir unas atales,
         más li plogo con ellas   que con truchas cobdales.

491   Fo perdiendo la fuerza   pero no la memoria,
         entendió bien que era   quitación perentoria,
         que li vinié mensaje   del buen Reÿ de Gloria,
         que sopiese que era   cerca de la victoria.

492   Folo aporfincando   mucho la malatía,
         alechigó el padre,   ¡Dios, tan amargo día!

Peroque de la muerte   habié placentería,
doliese el bon padre   de la su compañía.

493   Fo muy bien acordado   el barón del bon tiento,
mandó que se aplegasen   el su sancto conviento;
fízolis sermón bono   de su mantenimiento,
de que prisieron todos   seso e pagamiento.

494   «Fraires -díjolis- muérome,   poca es la mi vida,
toda la mi facienda   contadla por complida;
a Dios vos acomiendo,   la mi greÿ querida,
El vos guarde de cueta   e de mala caída.

495   Nos levamos la casa   lo mejor que podiemos,
comoquier que se fizo,   la voluntad metiemos;
Dios depare qui cumpla   lo que nos falleciemos,
que haya mejor seso   de lo que nos hobiemos.

496   Cuando fuero pasado   luego me soterrad,
como manda la regla   alzad luego abad;
habed unos con otros   amor e caridad,
servid al Criador   de toda voluntad.

497   De la obedïencia   que a Dios prometiestes,
que por salvar las almas   el mundo aborriestes,
e de las dos partidas   la mejor escogiestes,
catad que lo guardedes,   si non por mal naciestes.

498   Miémbrevos cómo fizo   el nuestro Redemptor,
que fue en cruz sobido   a muy grand desonor;
non quiso descender   maguer era señor,
hasta rendió la alma   cuand El hobo sabor.

499   Si vos el mi consejo   quisiéredes tomar,
e lo que prometiestes   quisiéredes guardar,
non vos menguará nuncua   nin cena nin yantar,
mejorará cutiano   esti sancto logar.

500   Nos atal lo trovamos   como viña dañada,
que es muy envegida   porque fo mal guardada;
agora es majuelo,   en buen pelo tomada,
por ir a mejoría   está bien aguisada.

501   Fío en Jesu Cristo,   Padre de pïedad,
que en esti majuelo   metrá El tal bondad
por ond habrá grand cueslo   toda la vecindad,
los de luen e de cerca   prendrán end caridad.

502   Demás si por ventura   non sodes trascordados,
ante vos lo dijiemos   muchos tiempos pasados,
que de algunas cosas   que érades menguados,
Dios vos darié consejo   que seriedes pagados.»

503   Mientre el padre sancto   lis facié el sermón,
ploraba el conviento   a muy grand misïón,
ca habién con él todos   tanta dilectïón,
que se dolié cascuno   mucho de corazón.

504   Díjolis el buen padre: «Amigos, non ploredes,
semejades mujieres   en eso que facedes;
más nuevas vos dizremos   las que vos non sabedes,
aguisad vuestras cosas   ca huéspedes habredes.

505   habredes grandes huéspedes   ante de cuarto día,
al rey e la reína   con grand caballería,
al obispo con ellos   con buena compañía;

pensad com los sirvades   ca es derechuría.»

506   Faciénse d'esti dicho   todos maravillados,
¿ónde podrién seer   tan fieros hospedados?
El rey e la reína   eran muy alongados,
non podrién en sex días   allá seer uviados.

507   Entendién lo del bispo   que bien podrié estar,
ca era en la tierra   e cerca del logar;
mas era lo del rey   más de maravillar,
que era alongado   e non podrié uviar.

508   El día que cuidaban   haber el hospedado,
que tenién su conducho   todo aparejado,
vínolis el obispo   e fo bien procurado,
mas non sabién del rey   nuevas nin nul mandado.

509   Habié entre los monjes   por esto grand roído,
tenién alguantos d'ellos   que era enloquido,
ol dieron a beber   algún mal vino frido;
dicién los otros: «Non»,   mas q'era decebido,
hobo a entenderlo   maguera mal tañido.

510   Demandolos a todos   maguer era quejado,
díjolis: «¿Qué roído   habedes levantado?
Non ha entre vos todos   uno bien acordado,
si non, non me terriedes   por desmemorïado;
buscades la batuda   teniendo el venado.

511   Hoÿ feches la fiesta   de la Virgen María,
cuando entró en ella   el su Señor Mesía;
de reys e de reínas   ellos han mejoría,
yo, sabedlo bien todos,   por ellos lo dicía.

512   Deque cantó el gallo   con ellos he fablado,
de ir he en pos ellos   ca me han convidado;
puesto lo he con ellos   e hanme aplazado,
que a pocos de días   prenda su hospedado.»

513   Monjes e capellanos,   cuantos que lo udieron,
todos por una cosa   extraña lo tovieron;
el dicho del buen padre   no lo contradijieron,
los que ante dubdaron   todos venia pidieron.

514   Otro día mañana   que fo sancta María,
despidiose el bispo,   queriese ir su vía;
dijo sancto Domingo: «Señor, yo ál querría,
que aquí vos fincásedes   fasta'l tercero día.

515   Señor, yo só coitado   como vos entendedes,
que hoÿ vos vayades   cras a venir habredes;
lazraredes el doble   ca ál non ganaredes,
señor, si lo ficiéredes   grand merced me faredes.»

516   Como que fo, el bispo   non podió y fincar,
ixió del monesterio,   hobo de cabalgar,
mas ante que podiese   la jornada doblar,
recibió tal mensaje   que hobo de tornar.

517   Tornó al monesterio   a una grand presura,
ca temié lo que era,   veer grand amargura;
falló al padre sancto   en muy grand angostura,
al conviento plorando   diciendo su rencura.

518   Ficiéronli carrera,   aplegósele al lecho,
entendió que el pleito   todo era ya fecho;

díjoli: «Aÿ, padre, pastor de buen derecho,
cuando tú irte quieres téngome por maltrecho.

519 Padre, el tu consejo a muchos gobernaba,
pora cuerpos e almas el tu sen adobaba;
que a ti vinié triste alegre se tornaba,
qui prendié tu consejo sobra bien se fallaba.»

520 Los monjes e los pueblos facién sobra grand planto,
diciendo: «¿Qué faremos del nuestro padre sancto?
Todos enna su muerte prendemos grant quebranto,
nuncua más fallaremos pora nos tan buen manto.»

521 Fo cerrando los ojos el sancto confesor,
apretó bien sus labros, non vidiestes mejor;
alzó ambas las manos a Dios nuestro Señor,
rendió a El la alma a muy grand su sabor.

522 Prisiéronla los ángeles que estaban redor,
leváronla al Cielo e a muy grand honor;
diéronli tres coronas de muy grand resplendor,
de suso vos fablamos de la su grand labor.

523 Las sanctos patrïarcas de los tiempos primeros,
desende los apóstolos de Cristo mensajeros,
las huestes de los mártires de Abel compañeros,
todos eran alegres con él e placenteros.

524 Sedién los confesores a Dios glorificando,
que tan precioso fraire entraba en su bando;
respondienlis las vírgenes dulcement organando,
todos li facién honra leyendo e cantando.

88

525   Señor san Beneíto   con los escapulados,
       q'aburrieron el sieglo,   visquieron encerrados,
       eran con esti monje   todos mucho pagados,
       cantaban a Dios laudes,   sones multiplicados.

526   El barón cogollano,   natural de Berceo,
       san Millán con qui hobo   él de vevir deseo,
       por honrar su criado   facié todo aseo,
       ca metiose por elli   en un fiero torneo.

527   Sea con Dios la alma   alegre e honrada,
       tornemos enna carne   que dejamos finada;
       cumplámosli su debdo,   cosa es aguisada,
       démosli sepultura   do sea condesada.

528   Los monjes de la casa,   cansos e doloridos,
       aguisaron el cuerpo   como eran nodridos;
       fijiéronli mortaja   de sos mismes vestidos,
       daban por los corrales   los pobres apellidos.

529   El cuerpo glorioso,   cuando fue adobado,
       leváronlo a glesia   por seer más honrado;
       fo mucho sacrificio   por él a Dios cantado,
       a él non facié mengua   mas habié Dios end grado.

530   habié un grand conviento   de personas granadas,
       abades e priores,   monjes de sus posadas,
       de otras clerecías   asaz grandes mesnadas,
       de ricos e de pobres,   adur serién contadas.

531   Condesaron el cuerpo,   diéronli sepultura,
       cubrió tierra a tierra   como es su natura;
       metieron grand tesoro   en muy grand angostura,

lucerna de grand lumne   en lenterna oscura.

532   El cuerpo recabdado,   tenidos los clamores,
ixió end el obispo   e sus aguardadores;
fueron a sus logares   abades e priores,
pueblos e clerecías,   vasallos e señores.

Libro III

533   Señores e amigos,   Dios sea end laudado
el segundo libriello   habemos acabado;
queremos empezar   otro a nuestro grado,
que sean tres los libros   e uno el dictado.

534   Como son tres personas,   una divinidad,
que sean tres los libros,   una certanidad,
los libros que signifiquen   la sancta Trinidad,
la materia ungada   la simple deïdad.

535   El Padre e el Fijo   e el Espiramiento,
un Dios e tres personas,   tres sones, un cimiento,
singular en natura,   plural en complimiento,
es de todas las cosas   fin e comenzamiento.

536   En el su sancto Nomne,   ca es Dios verdadero,
e de sancto Domingo,   confesor derechero,
regunzarvos queremos   en el libro tercero
los miraglos del muerto,   de los Cielos casero.

537   Deque sancto Domingo   fo d'est sieglo pasado,
facié Dios por él tanto   que non serié asmado;
vinién tantos enfermos   que farién grand fonsado,
non podriemos los medios   nos meter en dictado.

538   Era un mancebiello,   nació en Aragón,
Peidro era su nomne,   así diz la lectión;
enfermó tan fuertmientre   que era miración,
nol podién dar consejo   nin femna nin varón.

539   Grand fo la malatía   e mucho porlongada,
nuncua vinieron físicos   que li valiesen nada;
era de la su vida   la yent desfeduzada,
ca hascas non podié   comer una bocada.

540   habié de la grand coita   los miembros enflaquidos,
las manos e los piedes   de su siesto exidos,
los ojos concovados,   los brazos desleídos;
los parientes de coita   andaban doloridos.

541   En cabo el mezquino   perdió la visïón,
esta fo sobre todo   la peor lesïón;
más sofridera era   la otra perdición,
non habié sin la lumne   nula consolatión.

542   Prisieron un consejo,   de Dios fo ministrado,
adocir el enfermo,   esi cuerpo lazrado,
al sepulcro precioso   del confesor honrado;
si él no lis valiese,   todo era librado.

543   Aguisaron el homne   como mejor podieron,
a la casa de Silos   allí lo adujieron;
delant el monumento   en tierra lo pusieron,
fincaron los hinojos,   su pregaria ficieron.

544   Tres días con sus noches   ant el cuerpo yoguieron,
ficieron sus ofrendas,   sos clamores tovieron;
vertieron muchas lágremas,   muchas preces ficieron,
pocos fueron los días   mas grand pena sofrieron.

545   A cabo de tres días   fueron de Dios oídos,
abrió Peidro los ojos   que tenié concloidos;
foron los quel costaban   alegres e guaridos,

non querrién por grand cosa non seer y venidos.

546 Cuando hobo la lumne de los ojos cobrada,
   credió que su facienda serié bien recabdada;
   fo tendiendo los brazos su cara alimpiada,
   la dolor de las piernas fo toda amansada.

547 Gracias a Jesu Cristo e al buen confesor,
   fo sano el enfermo de todo el dolor,
   mas era tan desfecho que non habié valor
   de andar en sus piedes el pobre pecador.

548 Con la salut aúna que li habié Dios dada,
   hobo Peidro la fuerza bien aína cobrada;
   despidiós del conviento e de la su mesnada,
   sano e bien alegre tornó a su posada.

549 De Tabladiello era un barón lisionado,
   era como leemos Ananía clamado;
   era de mala guisa de gota entecado,
   bien habié cuatro meses que yació lechigado.

550 habié el mezquiniello los brazos encorvados,
   tenielos enduridos, a los pechos plegados,
   ni los podié tender nin tenerlos alzados,
   nin meter en su boca uno nin dos bocados.

551 Como suelen las nuevas por el mundo correr,
   de sanar los enfermos, la salud lis render,
   do yació el enfermo hóbolo a saber,
   cómo sancto Domingo habié tan gran poder.

552 Fízose aguisar el enfermo lazrado,

entraron en carrera   cuando fo aguisado;
vinieron al sepulcro   del confesor honrado,
que pora españoles   fue en bon punto nado.

553   Parientes del enfermo   e otros serviciales,
compraron mucha cera,   ficieron estadales;
cercaron el sepulcro   de ciriales cabdales,
teniendo sus vigilias,   clamores generales.

554   Fueron de Dios oídos   de lo que demandaban,
soltáronse los brazos   que contrechos estaban,
quedaron los dolores   que mucho lo quejaban,
los qui li seyén cerca   muy afirmes ploraban.

555   Fueron los miembros todos   de los dolores sanos,
alzaba Ananías   a Dios ambas las manos;
cantaban a Dios laudes   esos bonos cristianos,
los que con él vinieron   estaban ya lozanos.

556   Como fue el enfermo   mucho desbaratado,
non pudo exir ende   fasta fo aforzado;
cuando andar se trovo,   de todos agraciado,
tornó a Tabladiello   alegre e pagado.

557   Una mujier que era   natural de Palencia
cayó por sus pecados   en fiera pestilencia,
non habié de oír   nin de fablar potencia,
era de su sentido   en sobra gran falencia.

558   Sábado a la tarde,   las viésperas tocadas,
iban pora oírlas   las yentes aguisadas
con paños festivales,   sus cabezas lavadas,
los barones delante   e après las tocadas.

559   Esta mujier non quiso   a la eglesia ir,
como todos los otros   las viésperas oír;
más quiso fer su masa   delgazar e premir,
ir con ella al forno,   su voluntad complir.

560   Dios esta grand soberbia   no la quiso sofrir,
tollioli el fablar,   tollioli el oír;
aún sin esto todo   quísola más batir
que sopiesen los homnes   qué val a Dios servir.

561   Andaban por su dueña   plorando los sirvientes,
doliense d'ella mucho   todos sus conoscientes;
vecinos e amigos   todos eran dolientes,
mas la peor manciella   cadié enos parientes.

562   Mientre que esta dueña   en tal coita sedié,
e de parte del mundo   consejo nol vinié,
membrolis del confesor   que en Silos yacié,
e de tantos miraglos   que Dios por él facié.

563   Prisieron la enferma   homnes sus naturales,
los que más li costaban,   sus parientes carnales;
pusiéronla en bestia   con muchos de mencales,
fueron con ella homnes   comol convinién tales.

564   Vineron al sepulcro   el domingo mañana,
echaron la enferma   sobre la tierra plana,
yoguieron y con ella   toda esa semana,
rogando al confesor   que la tornase sana.

565   Cuando vino la noche   del sábado ixient,
por velar al sepulcro   vino y mucha yent;

tovieron sus clamores todos de bona mient,
que la ficiese Dios fablante e udient.

566 Los matines cantados, la prima celebrada,
entraron a la misa, la que dicen privada;
sedién pora oírla toda la gent quedada,
era bien la eglesia de candelas poblada.

567 La lectión acabada que es de Sapïencia,
el preste a siniestro fizo su diferencia;
luego que hobo dicho el leedor: «*Sequencia*»,
«*Gloria tibi Domine*» dijo la de Palencia.

568 hobieron del miraclo las yentes gran placer,
non podién de gran gozo las lágremas tener;
empezaron los monjes las campanas tañer,
a cantar el «*Te Deum* *laudamus*» a poder.

569 Cuando la «*Ite misa*» fo en cabo cantada,
fo ella bien guarida, en su virtud tornada;
ofreció al sepulcro su ofrenda honrada,
despidiose de todos, fose a su posada.

570 Desende adelante, esto es de creer,
las viésperas del sábado no las quiso perder;
non tovo a tal hora su masa por cocer,
oro majado luce, podésdeslo veer.

571 En esi día misme que ésta guareció,
alumnó y un ciego, en Espeja nació;
Johán habié por nomne si otri non mintió,
el qui primeramientre la gesta escribió.

96

572 Una ciega mezquina, era asturïana,
     natural de la villa que dicen Cornejana,
     tanto vedié a viésperas cuanto enna mañana,
     bien habié treinta meses que non fuera bien sana.

573 Sancha era su nomne, dizlo la escriptura,
     vivié la mezquiniella en sobra gran rencura,
     ca homne que non vede yaz en gran angostura,
     nin sabe dó yaz Burgos nin dó Extremadura.

574 Priso su guionaje que la solié guiar,
     metiose en carrera, pensó de presear;
     iba al cuerpo sancto merced li demandar,
     iba bien feduzante que la podrié ganar.

575 Cuando vino la ciega delant el cuerpo sancto,
     dio consigo en tierra, priso muy grand quebranto;
     «Señor -dijo- e padre, que yaces so est canto,
     tú torna la cabeza contra esti mi planto.

576 Señor que has de Cristo ganado tal poder,
     faces fablar los mudos e los ciegos veer,
     tú me gana la lumne, déñame guarecer,
     que pueda las tus laúdes por el mundo traer.

577 La oración complida, grado al buen Señor,
     obró la virtud sancta del sancto confesor;
     alumnó la mezquina, ficieron gran clamor,
     tornó a Cornejana sin otro guiador.

578 En Agosín moraba otra que non vedié,
     María habié nomne, en cueta grand vivié;
     andaba sanctüarios, cuantos saber podié,

mas nuncua mejoraba   ca Dios no lo querié.

579   Fo a sancto Domingo   merced li demandar,
tovo su tridüano   delant el su altar;
plorando de los ojos   contendié en orar,
pensaba el conviento   de bien la ayudar.

580   A cabo de tres días   la virtud fo venida,
gracias al bon confesor   la ciega fue guarida;
ofreció lo que pudo,   e la misa oída,
tornó pora su casa,   fo sana en su vida.

581   De otra paralítica   vos queremos contar,
que non habié poder   de sus miembros mandar;
natural de Fuentoria   secundo mi coidar,
María habié nomne,   non cueido y pecar.

582   Non andarié en piedes   nin prendrié de las manos,
si la ficiesen dueña   de moros e cristianos;
que yacié en tal pena   habié muchos veranos,
habieña desleída   los dolores cutianos.

583   Non entendién en ella   de vida nul consejo,
los huesos habié solos   cubiertos del pellejo;
domingos e cutianos   lazraba en parejo,
dolielis la su coita   a todo el concejo.

584   Udié la mezquiniella   todos estos roídos,
señor sancto Domingo   cuantos habié guaridos;
dicié a los parientes,   metiendo apellidos,
«Levadme al sepulcro   do sanan los tollidos.»

585   Prisiéronla los homnes   a qui dolié su mal,

cargáronla en andas   presa con un dogal;
fueron pora'l sepulcro   del confesor cabdal,
en qui habié Dios puesta   gracia tan natural.

586   Levaron la enferma   al sepulcro glorioso,
de qui manaba tanto   miráculo precioso;
pusiéronla delante   al padre poderoso,
yacié ella ganiendo   como gato sarnoso.

587   En toda esa noche   non pegaron los ojos,
faciendo oraciones,   fincando los hinojos,
quemando de candelas   mucho grandes manojos,
prometiendo ofrendas,   ovejas e añojos.

588   La noche escorrida,   luego a los albores,
celebraron la misa,   tovieron sus clamores;
fueron poco a poco   fuyendo los dolores,
dijo la paralítica: «A Dios riendo loores.»

589   Sanó la paralítica   de la enfermedad,
mas non podió tan luego   vencer la flaquedad;
pero fízoli Cristo   aína pïadad,
tornose en sus piedes   pora su vecindad.

590   Todos dicién que ésta   era virtud complida,
que sanó tan aína   cosa tan deleída;
ca tanto la contaban   como cosa transida
e de muerta que era   que la tornó a vida.

591   Era un homne pobre   que habié fiero mal,
Cid lo clamaban todos,   su nomne era tal;
que non podié moverse   pasó grand temporal,
non ixié solamientre   del lecho al corral.

592　Más habié de tres años　　　e non cuatro complidos
　　　que habié de podagra　　　los piedes cofondidos;
　　　udió del buen confesor　　　andar estos roídos,
　　　como facié miraclos　　　grandes e conoscidos.

593　Rogó a homnes bonos　　　de la su vecindad,
　　　allá que lo levasen　　　por Dios e caridad;
　　　eran los homnes bonos,　　　moviolos pïadad,
　　　hobieron a levarlo　　　a esa sanctidad.

594　Yogo una semana　　　delant al confesor,
　　　tenién por él cutiano　　　el conviento clamor;
　　　en el octavo día,　　　a la misa mayor,
　　　fo guarido el Cide,　　　foída la dolor.

595　Cuando sintió que era　　　de sos piedes guarido,
　　　alzó ambas las manos　　　en tierra debatido;
　　　«Señor, -dijo- tú seas　　　laudado e gradido,
　　　que ruego de tus siervos　　　nol echas en oblido.»

596　Fizo al cuerpo sancto　　　preces multiplicadas,
　　　despidiose de todos　　　tres e cuatro vegadas;
　　　metiose en carrera　　　faciendo sus jornadas,
　　　eran todas las yentes　　　del miraclo pagadas.

597　habié otro contrecho　　　que non podié andar,
　　　non vedié de los ojos　　　más que con el polgar;
　　　yacié como un cepo　　　quedo en un logar,
　　　fuera lo que pidié　　　ál non podié ganar.

598　Sancho era clamado　　　esti barón contrecho,

que habié muy grand tiempo   que non salié del
lecho;
tanto vedié de fuera   cuanto de yus el techo,
por quequier que li vino,   asaz era maltrecho.

599   Entenderlo podemos   que yacié muy lazrado,
ca habié doble pena   e lacerio doblado;
dicié que lo levasen   al confesor nomnado,
solo que y plegase   luego serié folgado.

600   Hobo de bonos homnes   que lo empïadaron,
leváronlo al túmulo,   ant elli lo echaron;
a Dios e al confesor   por él mercet clamaron,
por la salud de Sancho   de voluntat rogaron.

601   Por amor del confesor   valió el Criador,
guareció el enfermo   de toda la dolor;
vido bien de los ojos   como nuncua mejor,
andaba de los piedes   a todo su sabor.

602   Tornó pora su casa   guarido e gozoso,
predicando las nuevas   del confesor glorioso;
todos dicién que era   sancto maravilloso
que pora los coitados   era tan pïadoso.

603   Fruela fo de Coriel,   Muño de Villanueva,
ambos eran contrechos,   el escripto lo prueba;
ambos yacién trabados   como presos en cueva,
si los ficiesen reyes   non irién a Burueva.

604   Vinieron éstos ambos,   quisque de su partida,
al sepulcro del padre   de la preciosa vida;
tovieron sus vigilias   de voluntad complida,

fo la petición suya   del Criador oída.

605   Gracias al bon confesor   aína recabdaron,
lo que a Dios pidieron   aína lo ganaron,
guarieron de los piedes,   el andamio cobraron,
pagados e alegres   a sus casas tornaron.

606   De Enebreda era   una mujier lazrada,
habié la mano seca,   la lengua embargada,
nin prendié de la mano   nin podié fablar nada,
habié asaz lacerio,   cosa tan entecada.

607   Fo a sancto Domingo   a merced li clamar,
cadió ant él a preces   mas non podió fablar;
mas el Señor que sabe   la voluntad judgar,
entendió qué buscaba   e quísogelo dar.

608   Guareció de la mano   que tenié trasecada,
soltóseli la lengua   que tenié mal trabada;
rendió gracias al padre,   señor de la posada,
tornó a Enebreda   de sus cuetas librada.

609   Caeció y un ciego,   de cuál parte que vino,
non departe la villa   muy bien el pergamino,
ca era mala letra,   encerrado latino,
entender no lo pudi   par señor san Martino.

610   Yogo bien doce días   al sepulcro velando,
plorando de los ojos,   los hinojos fincando;
con bien buena feüza   la hora esperando
cuando sintrié que iban   los ojos alumnando.

611   Fizo el bon confesor   como habié costumne,

al ciego porfidioso   envïoli la lumne;
cadioli de los ojos   toda la pesadumne,
vedié enna eglesia   el suelo e la cumne.

612   Cuando hobo el ciego   su cosa recabdada,
      despidiose del cuerpo   por ir a su posada;
      adusieron adieso   una demonïada,
      que era del demonio   maltrecha e quejada.

613   Si queredes del nomne   de la dueña saber,
      Orfresa la clamaban,   debédeslo creer;
      non quisiemos la villa   en escripto meter,
      qa non es nomneciello   de muy buen parecer.

614   Metieron la enferma   entro al cuerpo sancto,
      de qui ixién virtudes,   más de las que yo canto;
      el demonio en ello   prendié muy grand quebranto,
      quebrantaba el cuerpo   más que solié, diez tanto.

615   Doliense de la femna   los monjes del conviento,
      fueron aparejados   por fer su complimiento;
      metiéronse a ello   mucho de buen taliento,
      rogar a Dios quel diese   salud e guarimiento.

616   Queque oraron ellos   mucho de grand femencia,
      queque foron los otros   de muy firme creencia,
      tollió Dios a la dueña   la mala pestilencia,
      non hobo más en ella   el mal nula potencia.

617   Jemena de Tordómar   perdió la una mano,
      mas de las dos cuál era   yo non só bien certano;
      semejó seca paja   e la sana bon grano,
      la seca al ivierno,   la sana al verano.

618   Vino al cuerpo sancto   rogar doña Jemena,
    «Señor -dijo- e padre,   tú vees la mi pena,
    non me val más la mano   que si fuese ajena,
    non me torna ayuda,   e tiéneme en cadena.

619   Señor, ruega por esta   mezquina pecadriz,
    por amor del buen padre   que yaz sobre Madriz;
    grand es la tu virtud,   el tu fecho lo diz,
    Señor, ruega por esta   mezquina pecadriz.»

620   Como diz el proverbio   que fabla por razón,
    que el romero fito   esi saca ratión,
    valioli a Jemena   la firme oración,
    e que fo porfidiosa   en la su petición.

621   Valió el buen confesor,   sanola de la mano,
    el brazo que fo seco   tornó verde e sano;
    si pesado fo ante,   depués fo bien liviano,
    depués filó Jemena   sana a su solano.

622   En Agosín moraba   una ciega lazrada,
    María la clamaron   deque fo babtizada;
    confondioli los ojos   malatía coitada,
    si yoguiese en cárcel   non yazrié más cerrada.

623   Rogó que la levasen   do los otros sanaron,
    ond los que foron ciegos   alumnados tornaron;
    prisiéronla algunos   que la empïadaron,
    al sepulcro glorioso   a piedes la echaron.

624   Dijo a grandes voces   la ciega mezquiniella:
    «Udasme, padre sancto,   padrón de la Castiella;

tuelli de los mis ojos   esta tan grand manciella,
que pueda con mi lumne   tornar a mi casiella.»

625   Fo oída la ciega   de lo que demandaba,
por amor del confesor   a qui ella rogaba;
perdió la ceguedad   por que presa andaba,
Tornó Agosín sana,   lo que ella buscaba.

626   La ciega alumnada   e ida su carrera,
vino un demonïado,   de Celleruelo era;
Dïago habié nomne,   esto es cosa vera,
así lo escribieron   a la sazón primera.

627   habié un fuert demonio,   prendielo amenudo,
oras lo facié sordo,   oras lo facié mudo;
faciel a las deveces   dar un grito agudo,
el mal huésped faciel   seer loco sabudo.

628   Si non porque estaba   preso e bien legado,
farié malos trebejos,   juego desaborado;
o a sí o a otri   dañarié de buen grado,
como non habié seso   era mucho osado.

629   Vivién en esta coita   con él noches e días,
si lo dejasen suelto   farié grandes follías;
querrienlo veer muerto   los tíos e las tías,
ca dicié dichos locos   e palabras radías.

630   Asmaron un consejo,   de Dios fo envïado,
levarlo al sepulcro   del buen escapulado,
que fo abad de Silos   e es y adorado,
serié por aventura   del demonio librado.

631   Metiéronlo en obra   lo que habién asmado,
fo el homne enfermo   al sepulcro levado;
metiéronlo en manos   del conviento honrado,
por miedo de falencia   levábanlo legado.

632   Los monjes de la casa,   complidos de bondad,
nodridos del bon padre   de la grand sanctidad,
ficieron contra elli   toda humanidad,
pusiéronse con elli   de toda voluntad.

633   Pusiéronse por elli   los perfectos cristianos,
soltáronli los piedes,   sí ficieron las manos;
facién por él vigilias   e clamores cutianos,
non serién más solícitos   si fuesen sos hermanos.

634   Fueron las oraciones   del Criador oídas,
non fueron las vigilias   en vacío caídas,
obró el buen confesor   de las mañas complidas,
guareció el enfermo   de las graves feridas.

635   Sano e bien alegre   tornó a Celleruelo,
facién con él grand gozo   los que solién fer duelo,
dicién por el buen padre,   el grand e el niñuelo,
que sabié al demonio   echar bien el anzuelo.

636   Quiérovos tres miraclos   en uno ajuntar,
porque son semejantes,   quiérolos aungar;
tres mujieres enfermas,   mas non de un logar,
que todas guarecieron   delant el su altar.

637   Una fo de Olmiellos,   Oveña por nomnada,
la segunda de Yécola,   María fo clamada,
Olalia habié nomne   la tercera lazrada,

de estas tres cascuna   era demonïada.

638   Todas aquestas femnas   eran demonïadas,
vivién en grand miseria,   eran mucho lazradas;
habién las mezquiniellas   las yentes enojadas,
ca cadién amenudo   en tierra quebrantadas.

639   Levaron gran lacerio   por muchas de maneras,
teniendo abstinencias,   andando por carreras,
prendiendo sorrostradas,   cayendo en fogueras,
trayén las mezquiniellas   lisionadas ojeras.

640   Guarir no las podieron   ningunas maestrías,
nin cartas nin escantos   nin otras eresías,
nin vigilias nin lágremas   nin luengas romerías,
si non sancto Domingo,   padrón de las mongías.

641   En cabo al su cuerpo   hobieron a venir,
fasta que y vinieron   non podieron guarir,
hobieron de sus casas   con coita de exir,
fueron al cuerpo sancto   a merced li pedir.

642   El conviento de Silos,   ordenados barones,
por dolor d'estas femnas   ficieron procesiones,
facién ant el sepulcro   preces e oraciones,
non tenién los demonios   sanos los corazones.

643   Guarieron bien en cabo   las enfermas mesquinas,
cuando guaridas fueron,   teniense por reínas;
laudaban al confesor   de voluntades finas,
facién con ellas gozo   vecinos e vecinas.

644   Un precioso miraclo   vos queremos decir,

debedes a oírlo   las orejas abrir,
de firme voluntad   lo debedes oír,
veredes al buen padre   en grant precio sobir.

645   Cozcorrita li dicen,   cerca es de Tirón,
end era natural   un preciado peón;
Serván era su nomne,   así diz la lectión,
quiso fer mal a moros,   cayó en su presón.

646   Cayó en malas manos,   el peón esforzado,
fo a Medinacelim   en cadena levado;
metiéronlo en cárcel   de fierros bien cargado,
en logar muy estrecho   de tapias bien cercado.

AMÉN

647   Dábanli presón mala   los moros renegados,
       coitábanlo la famne   e los fierros pesados;
       lazraba entre día   con otros cativados,
       de noche yacié preso   so muy malos candados.

648   Dábanli a las veces   feridas con azotes,
       lo que más li pesaba   udiendo malos motes,
       ca clamábanlos canes,   herejes e arlotes,
       faciéndolis escarnios   e laídos estribotes.

649   Serván con la grand coita   non sopo dó tornar,
       si non en Jesu Cristo,   empezol de rogar;
       «Señor, -dijo- que mandas   los vientos e la mar,
       préndate de mí duelo,   deña a mí catar.

650   Señor, de otras partes   consejo non espero,
       si non de ti que eres   Criador verdadero;
       tú eres tres personas,   un Dios solo, señero,
       que criesti las cosas   sin otro consejero.

651   Só de los enemigos   de la cruz afontado,
       porque tengo tu nomne   só d'ellos malmenado;
       Señor, que por mí fuisti   muerto e martiriado,
       la tu misericordia   venza al mi pecado.»

652   Cuando hobo Servante   la oración complida,
       cerca era de gallos,   media noche trocida;
       adurmiose un poco,   cansado sin medida,
       era ya desperado   de salud e de vida.

653   Por medio de la cárcel   entró un resplendor,
despertó adeshoras,   hobo d'ello pavor;
levantó la cabeza,   nomnó al Criador,
fizo cruz en su cara,   dijo: «¡Valme, Señor!»

654   Semejoli que vío   un homne blanqueado,
como si fuese clérigo   de misa ordenado,
estaba el cativo   durament espantado,
volviose la cabeza,   echose abuzado.

655   «Serván, non hayas miedo,   -dijo el revestido-
sepas certeramientre   eres de Dios oído;
por sacarte d'aquende   só de Dios trametido,
tente con Dios aúna   por de coita exido.»

656   «Señor, -dijo el preso-   si eres tú tal cosa,
que me digas quí eres,   por Dios e la Gloriosa;
non sea engañado   de fantasma mintrosa,
ca creo en don Cristo,   enna su muert preciosa.»

657   Recudioli e díjol   el sancto mensajero;
«Yo só fraire Domingo,   que fui monje claustrero,
abad fui yo de Silos   maguer non derechero,
y fui yo soterrado   dentro en un tablero.»

658   «Señor, -dijo el preso-   ¿cómo puedo exir
cuando de mí non puedo   los fierros sacudir?
Si tú tal menge eres   que me vienes guarir,
tú debes pora esto   consejo adocir.»

659   Señor sancto Domingo   dioli un majadero,
de fuste era todo,   non fierro nin acero;
molió todos los fierros   con esi dulz madero,

	non moldrié más aína	ajos en el mortero.
660	Cuando hobo las cormas	molidas e cortadas,
	mandoli que ixiese	sin miedo, a osadas;
	dijo él que las tapias	eran mucho alzadas,
	non tenié por sobirlas	escaleras nin gradas.
661	El sancto mensajero	que de suso sedié
	echoli una soga,	a mano la tenié;
	ciñiose bien el preso	que de yuso yacié,
	el cabo de la soga	el otro lo tenié.
662	Tirolo con sus fierros	el que sedié de suso,
	tan rehez lo tiraba	como farié un fuso;
	a puerta de la cárcel	bien aína lo puso,
	de sacar los cativos	estonz priso el uso.
663	Dijo el buen confesor:	«Amigo, ve tu vía,
	abiertas son las puertas,	duerme la muzlemía;
	non habrás nul trabajo	ca habrás bona guía,
	serás bien alongado	cuando fuere de día.
664	De cuanto ir podieres	embargado non seas,
	ve al mi monesterio	con estas herropeas,
	ponlas sobre'l sepulcro	do yacen carnes meas,
	non habrás nul embargo,	esto bien me lo creas.»
665	Cuando d'esta manera	lo hobo castigado,
	tollióseli delante	el barón blanqueado;
	Servand moviose luego,	non sovo embargado,
	ningún de los postigos	non sovo encerrado.
666	Cuando vino el día	fo él bien alongado,
	nin perdió la carrera	nin andido errado;
	nul embargo non hobo,	tanto fo bien guiado,

plegó al monesterio   como li fo mandado.

667   Era por aventura   festa bien señalada,
el día en que fuera   la eglesia sagrada;
habié grand clerecía   por la festa plegada,
la yente de los legos   adur serié contada.

668   Un cardenal de Roma   que vino por legado,
facié estonz concilio,   Ricart era nomnado;
de bispos e abades   habié y un fonsado,
ca viniera con ellos   mucho buen coronado.

669   Entró esti cativo   de sus fierros cargado,
con pobre almesía   e con pobre calzado,
con sus crines trezadas,   de barba bien vellado,
fo caer al sepulcro   del confesor honrado.

670   «Señor, -dijo- e padre,   yo a ti lo gradesco,
en tierra de cristianos   yo por ti aparesco;
por ti exí de cárcel,   sé que por ti guaresco,
como tú me mandesti,   los fierros te ofresco.»

671   Fízose el roído   por toda la cibdad,
que el sancto confesor   ficiera tal bondad;
non fincó en la villa   obispo nin abad
que a Servand non fizo   muy grand solempnidad.

672   El buen legado misme   con tanto buen barón,
cantaron «*Tibi laus*»,   ficieron procesión,
desende «*Iste Sanctus*», aprés la oración;
hobieron esi día   las yentes grand perdón.

673   Vidieron el confesor   que era alta cosa,

que tan grand virtud fizo   e tan maravillosa;
dicién que tal tesoro,   candela tan lumnosa,
debié seer metida   en arca más preciosa.

674   Maguer que era ante   por precioso contado,
desende adelante   fo mucho más preciado;
predicolo en Roma   don Ricart el legado,
fo por sancto complido   del Papa otorgado.

675   Dos mujieres contrechas,   una de una mano,
la otra de entrambas   sanó est buen serrano;
ond nació tal milgrana   feliz fo el milgrano,
e feliz la milgrana   que dio tanto buen grano.

676   La una fo de Yécola,   María por nomnada,
tales habié los brazos   como tabla delgada;
non podié de las manos   trabar nin prender nada,
quiquier que la vidiese   la terrié por lazrada.

677   La otra non leemos   onde fo natural,
más sábado a viésperas   facié uno e ál,
lavaba su cabeza   e barrié su corral,
cadió por esa culpa   en periglo atal.

678   Ambas aquestas femnas   que eran tan dañadas
sanó sancto Domingo   en pocas de jornadas;
por pocas de vigilias   e pocas trasnochadas,
tornaron, *Deo gracias,*   sanas a sus posadas.

679   De Peña Alba era   una demonïada,
era por sus pecados   duramientre lazrada;
de la grand malatía   muda era tornada,
era de su memoria   mucho menoscabada.

680   Prendiela amenudo   la bestia percodida,
andaba en radío   como cosa tollida;
non trovaban consejo   por ond fuese guarida,
plazrié a sus parientes   de veerla transida.

681   Un día do andaba   radía como loca,
ella lo contó esto   con la su misma boca,
paróseli delante   una forma non poca,
vistié una almática   más blanca que la toca.

682   Hobo ella grand miedo,   parose espantada,
díjoli la imagen: «Fija, non temas nada,
hobo de ti Dios duelo   que eres tan lazrada,
envíate consejo   por ond seas librada.

683   Quiérote decir, fija,   que seas sabidor,
cómo es el mi nomne   que non hayas pavor;
yo só san Migael,   alferz del Criador,
a ti só envïado   de Dios nuestro Señor.

684   Si tú guarir quisieres   d'esta tu malatía,
ve a Sancto Domingo   de Silos la mongía;
y trovarás consejo   a tu placentería,
nuncua des un dinero   en otra maestría.»

685   Cuando el buen arcángel   la hobo castigada,
tollióseli de ojos   la forma blanqueada;
entendiolo bien ella   peroque conturbada,
teniese de la coita   cerca de terminada.

686   Entendió el demonio   esta dicha razón,
prísola e maltrájola   más que otra sazón;

hobo muy grant despecho,   pesol de corazón,
ca contaba que era   fuera la maïsón.

687   En medio de los labros   púsoli un pedazo
de un englut muy negro,   semejaba pemazo;
bien li valió a ella   un grant colpe de mazo
o de palo que viene   de muy valiente brazo.

688   Maguer que mancellada,   metiose en carrera,
ca non podió tollérsela   por ninguna manera;
fo a Sancto Domingo   bien lazrada romera,
de tornar mejorada   feduzada bien era.

689   Yogo ant el sepulcro   toda una semana,
comiendo pan de ordio,   con vestidos de lana;
entrante de la otra,   el domingo mañana,
ixió un sancto grano   de la sancta milgrana.

690   Prísola el demonio   a la misa estando,
dio con ella en tierra,   tráscola malmenando,
la boca li torciendo,   las espumas echando,
faciendo gestos feos,   feos dichos fablando.

691   Empezoli un monje,   siempre lo solié fer,
los sanctos exorcismos   de suso a leer;
entendió el demonio   qué habié de seer,
que habié la posada   que tenié a perder.

692   Cuando vido que era   a mover de la siella,
escupió de los labros   esa mala postiella;
fincó limpia la cara   de esa mancebiella,
fincaron los labriellos   limpios de la manciella.

693   Cató al leedor   esa vípera mala,
dijo: «Non me afinques,   fraire, si Dios te vala;
otros de ti mejores   me afincan que sala,
cerca de ti los tienes,   a ti non te incala.»

694   Dijo el leedor: «Por Cristo te conjuro
que me digas qué vedes,   que me fagas seguro;
si non, bien te prometo,   de verdat te lo juro,
de buscarte despecho   que me parta, aduro.»

695   Díjoli el demonio: «No lo quiero negar,
veo a sant Martino   cerca de mí estar,
con él sancto Domingo,   padrón d'esti logar,
ambos vienen, bien sepas,   por a mí guerrear.

696   Por ellos he, bien sepas,   sin grado a esir,
por manera ninguna   no lis puedo guarir,
ond yo rogarte quiero,   en don te lo pedir,
que tú non te trabajes   tanto me perseguir.»

697   Plogo al exorcista   mucho esta sentencia,
metió en conjurarlo   mucha mayor femencia;
flaqueció el demonio,   perdió toda potencia,
ya querrié seer fuera   si li diesen licencia.

698   Cuando a exir hobo   del cuerpo de la muda,
metió una voz fiera,   sobreguisa aguda;
exió el sucio malo   más pudient que ciguda,
nuncua tornó en ella   con Dios e su ayuda.

699   Fo sana la enferma,   del demonio librada,
cobró toda su fabla   de que era menguada;
tornó en su estado   ond era despojada,

fo pora Peña Alba   del mal bien terminada.

700   Un caballero era   natural de Llantada,
         caballero de precio,   de facienda granada,
         exió con su señor   que li daba soldada,
         por guerrear a moros,   entrar en cabalgada.

701   Peidro era su nomne   de esti caballero,
         el escripto lo cuenta,   non joglar nin cedrero;
         firieron a Alarcos   en el salto primero,
         mas non foron guiados   de sabio avorero.

702   Cuidaron traer preda   e sobieron prendados,
         cuidaron fer ganancia   e foron engañados;
         prisiéronlos a todos   los moros renegados,
         los que end escaparon   refez serién contados.

703   Los moros cuando fueron   a salvo arribados,
         partieron la ganancia,   los presos captivados;
         foron por el morismo   todos mal derramados,
         nuncua en esti sieglo   se vidieron juntados.

704   Peidro, el de Llantada,   fo a Murcia levado,
         sabielo su señor   tener bien recabdado;
         no lo tenié en cárcel   mas era bien guardado,
         yacié en fondo silo   de fierros bien cargado.

705   Rogaban sus parientes   por él al Criador,
         e a sancto Domingo,   precioso confesor,
         que lo empïadasen   al preso pecador,
         que isiese de premia   del moro traïdor.

706   E él misme rogaba   de firme corazón,

a Dios que lo tolliese   de tan ciega presón,
ca si no li valiese   a poca de sazón
serié ciego o muerto   o con grant lisïón.

707   Miércoles era tardi,   las estrellas esidas,
pero aún non eran   las gentes adormidas;
fuéronli al captivo   tales nuevas venidas
que non oyó tan buenas   nuncua nin tan sabridas.

708   Entró una lucencia   grand e maravillosa
por medio de la cueva   que era tenebrosa;
espantose el preso   de tan extraña cosa,
dijo: «Válasme, Cristo,   e la Virgen gloriosa.»

709   Vido forma de homne   en media la hucera,
semejaba bien monje   en toda su manera;
tenié un baguiliello   como qui va carrera,
si li fablarié algo   estaba en espera.

710   Clamolo por su nomne,   díjoli buen mandado,
«Peidro, -dijo- afuérzate,   oblida lo pasado;
lo que a Dios pediste   ha te lo otorgado,
serás de esta cuita   aína terminado.»

711   Hobo pavor el preso   de seer embargado,
que lo facié el amo   que lo tenié cerrado,
que si se levantase   que serié mal majado,
por escarmentar otros   serié descabezado.

712   Recudió mansamientre   el preso pecador,
dijo: «Si non me saca   Dios el nuestro Señor,
o esti qui me tiene   non me ficier amor,
d'aquend esir non puedo,   esto me faz pavor.»

713   Respondioli el otro   que li trayé las nuevas:
«Peidro, -dijo- en esto   por muy loco te pruebas;
a Dios no se defienden   nin cárceres nin cuevas,
que merced non te faga   a dubdar non te muevas.»

714   «Señor, -dijo el preso-   esta merced te pido,
si cosa de Dios eres,   que me fagas creído;
si eres otra cosa   non me fagas roído,
por ond contra mi amo   non sea maltraído.

715   Si por mi salut andas   o quieres que te crea,
descúbrite qui eres   por ond certero sea;
ca si rafez me muevo   témome de pelea,
sé que los mis costados   sobarán la correa.»

716   Descubrió el trotero   toda la poridat,
«Amigo, -dijo- udi,   sabrás certanidat;
yo só fraire Domingo,   pecador de verdat,
en la casa de Silos   fui yo dicho abat.

717   Dios grant merced me fizo   por la su pïadat,
que me puso en guarda   sobre la cristiandat,
que saque los captivos   de la captividat,
los que a El se claman   de toda voluntat.

718   Las oraciones tuyas   son de Dios exaudidas,
yo, sacerdot non digno,   gelas he ofrecidas;
las preces que facién   tus gentes doloridas,
non son, bien me lo creas,   en vazío caídas.

719   Yo só aquí venido   por a ti visitar,
con tal visitación   débeste confortar;

deBes d'esta presón   aína escapar,
como ha de seer   quiérotelo contar.

720   Esti viernes que viene,   de cras en otro día,
día en que los moros   facen grant alegría;
facen como en festa   en comer mejoría,
el que algo se precia   non es sin compañía.

721   El señor que te tiene,   por más se gloriar,
quiérete esi día   de la cueva sacar,
con otros dos captivos   quiérevos envïar,
mientre que ellos yantan   que vayades cavar.

722   De uno de los otros   serás tú convidado
que posedes un poco,   tú posa de buen grado;
porná él su cabeza   sobre el tu costado,
cuando la haya puesta   será adormitado.

723   Tú seï percebido,   fúrtateli quediello,
ponli alguna cosa   de yus el cerbiguiello;
si catares a tierra   verás que el aniello
yazrá con sus sortijas   partido del tobiello.

724   Date al guarir luego,   non te quieras tardar,
por do Dios te guiare,   cuítate de andar;
habrás bien guionaje,   non te temas errar,
cierto seas que aves   por esto a pasar.»

725   Cuando d'esta manera   lo hobo castigado,
tollióseli de ojos   el feliz encontrado;
no fo viernes en mundo   nuncua tan deseado,
non cuidaba el jueves   que lo habrié pasado.

726   Cuando vino el viernes   abés podié quedar,
sabet que nol hobieron   dos veces a clamar;
ante que li dijiesen: «Peidro, ve a cavar»,
ante empezó elli   la azada buscar.

727   Por esa pasó Peidro,   en tal guisa fo quito,
como gelo dijiera   el monje beneíto;
el qui con él fablaba   cubierto del amito
dioli por la carrera   guionaje e vito.

728   Andando por los yermos,   por la tierra vacía,
por do Dios lo guiaba   sin otra compañía,
todo desbaratado   con pobre almejía,
arribó en Toledo   en el doceno día.

729   Contolis su lacerio   a esos toledanos,
cómo era esido   de presón de paganos,
cómo se li cayeron   los fierros todos sanos;
por poco no li iban   todos besar las manos.

730   Por toda Allend-Sierra   e por Extremadura,
e por toda Castiella   sonó esta mesura,
rendién al buen confesor   gracias a grant presura,
teniese la frontera   toda por más segura.

731   Quiquiere que lo diga,   o mujier o varón,
que el padrón de Silos   non saca infanzón,
repiéndase del dicho   ca non dice razón,
denuesta al confesor,   prendrá mal galardón.

732   Aún porque entienda   que non dice derecho,
quiero juntar a esti   otro tal mismo fecho,
de otro caballero   que nuncua dio nul pecho,

sacol sancto Domingo   de logar muy estrecho.

733   Fita es un castiello   fuert e apoderado,
infito e agudo,   en fondón bien poblado;
el reÿ don Alfonso   la tenié a mandado,
el que ganó Toledo   si non só trascordado.

734   Ribera de Henar,   dend a poca jornada,
yace Guadalfajara,   villa muy destemprada;
estonz de moros era,   mas bien asegurada,
ca del rey don Alfonso   era enseñorada.

735   A él servié la villa   e todas sus aldeas,
la su mano besaban,   d'él prendién halareas;
elli los menazaba   meter en ferropeas
si revolver quisiesen   con cristianos peleas.

736   caballeros de Fita,   de mala conoscencia,
nin temieron al rey   nil dieron reverencia;
sobre Guadalfajara   ficieron atenencia,
hobieron end algunos   en cabo repindencia.

737   Sobre Guadalfajara   ficieron trasnochada,
ante que amasquiese   echáronlis celada,
ellos eran seguros,   non se temién de nada,
ficiéronlis grant daño   en esa cabalgada.

738   Cuando en la mañana   isién a las labores,
dieron salto en ellos   esos cabalgadores;
mataron e prendieron   muchos de labradores,
de cuanto lis trovaban   non fueron más señores.

739   Pesó mucho al rey,   fo fuertmientre irado,

del concejo de Fita   fue mucho despagado;
dicié que li habié   mal deservicio dado,
que li habién su pueblo   destructo e robado.

740   Puso dedos en cruz,   juró al Criador,
que cual ellos ficieron   tal prendan o peor;
vasallo que traspasa   mandado de señor
nol debié a la cuita   valer nul fïador.

741   El rey con la grant ira   e con el grant despecho,
ca por verdat habielo   asaz con grant derecho,
al concejo de Fita   echolis un grant pecho,
que li diesen los homnes   que ficieron est fecho.

742   Mandolis que li diesen   todos los malfechores,
si non, terrié que todos   eran consentidores;
alcanzarién a todos   los malos desabores,
irién por una regla   justos e pecadores.

743   Cuando fueron las cartas   en concejo leídas,
temblaban muchas barbas   de cabezas fardidas;
algo darién que fosen   las paces bien tenidas,
darién de sus haberes   bien las cuatro partidas.

744   El concejo de Fita,   firme e aforzado,
non osó traspasar   del rey el su mandado;
que fuesen a concejo   fo el pregón echado,
foron a poca d'hora   todos en el mercado.

745   hobieron un acuerdo   mayores e menores,
los padres e los fijos,   vasallos e señores;
metieron en recabdo   a los cabalgadores,
prisiéronlis cablievas   e bonos fiadores.

746   Envïolis el rey   a poca de sazón
que li diesen los homnes,   non dijiesen de non;
diógelos el concejo,   metiolos en presón,
tenién todos los homnes   que habrién mal perdón.

747   habié entre los otros   uno más señalado,
por quis guiaban todos   e facién su mandado;
habiel de fiera guisa   el reÿ menazado,
habié sobra grant miedo   de seer justiciado.

748   Juan habié por nomne   el dicho caballero,
sobre las otras mañas   era buen parentero;
pero era tenudo   por homne derechero,
non sabién otro yerro   si non aquel señero.

749   Rogaban por él todos   a Dios nuestro Señor
e a sancto Domingo,   tan noble confesor,
que lo empïadasen,   hobiesen d'él dolor,
sí nuncua lo hobieron   de algún pecador.

750   El misme en la cárcel   eso mismo facié,
la lengua non folgaba,   maguer preso yacié;
a Dios e al confesor   rogaba e dicié
que si lo dend librasen   nuncua malo serié.

751   De cuál guisa isió   decir no lo sabría
ca fallesció el libro   en que lo aprendía;
perdiose un cuaderno,   mas non por culpa mía,
escribir a ventura   serié muy grant folía.

752   Si durase el libro   nos aún durariemos,
de fablar del buen sancto   non nos enojariemos;

como isió el preso   todo lo contariemos,
si la lición durase   «*Tu autem*» non dizriémos.

753   Mas que sancto Domingo   sacó el caballero,
      non es esto en dubda,   só bien ende certero,
      mas de los otros presos   el judicio cabero
      yo no lo oí nuncua   por sueños nin por vero.

754   Señores, demos laúdes   a Dios en qui credemos,
      de qui nos viene todo   cuanto bien nos habemos;
      la gesta del confesor   en cabo la tenemos,
      lo que saber podiemos   escripto lo habemos.

755   Pero bien lo creades,   nos así lo creemos,
      que de los sus miraclos   los diezmos non habemos,
      ca cada día crescen,   por ojo lo veemos,
      e crescerán cutiano   depués que nos morremos.

756   Atal señor debemos   servir e aguardar,
      que sabe a sus siervos   de tal guisa honrar;
      no lo podrié nul homne   comedir nin asmar,
      en cual ganancia torna   a Dios servicio far.

757   Yo Gonzalo por nomne,   clamado de Berceo,
      de Sant Millán criado,   en la su merced seo,
      de fer esti trabajo   hobi muy grant deseo,
      riendo gracias a Dios   cuando fecho lo veo.

758   Señor sancto Domingo,   yo bien estó creído,
      por est poco servicio   que en él he metido,
      que fará a don Cristo   por mí algún pedido,
      que me salve la alma   cuando fuero transido.

759 Señores, non me puedo así de vos quitar,
quiero por mi servicio algo de vos levar;
pero non vos querría de mucho embargar,
ca dizriedes que era enojoso joglar.

760 En gracia vos lo pido que por Dios lo fagades,
de sendos *Pater Nostres* que vos me acorrades;
terreme por pagado que bien me soldadades,
en caridad vos ruego que luego los digades.

761 Señor sancto Domingo, confesor acabado,
temido de los moros, de cristianos amado,
señor, tú me defendi de colpe del Pecado,
que de la su saeta non me vea colpado.

762 Señor, padre de muchos, siervo del Criador,
que fust leal vasallo de Dios nuestro Señor,
tú seÿ por nos todos contra El rogador
que nos salve las almas, denos la su amor.

763 Padre que los cativos sacas de las presones,
a qui todos los pueblos dan grandes bendiciones,
señor, tú nos ayuda que seamos varones,
que vencer non nos puedan las malas tentaciones.

764 Padre pleno de gracia que por a Dios servir
existi del poblado, al yermo fust vevir,
a los tus aclamantes tú los deña oír,
e tú deña por ellos a Dios merced pedir.

765 Demás, porque podieses vevir más apremiado,
de fablar sin licencia que non fueses osado,
fecist obediïencia, fust monje encerrado,

era del tu servicio   el Criador pagado.

766   Padre, tú nos ayuda   las almas a salvar,
que non pueda el demon   de nos nada levar;
señor, como sopisti   la tuya aguardar,
rogámoste que deñes   de las nuestras pensar.

767   Padre qui por la alma   el cuerpo aborristi,
cuando en otra mano   tu voluntad posisti,
e tornar la cabeza   atrás nuncua quisisti,
ruega por nos *ad Dominum*   a qui tanto servisti.

768   Padre, tú lo entiendes,   eres bien sabidor,
como es el dïablo   tan sótil revoltor;
tú pasesti por todo   pero fust vencedor,
tú nos defendi d'élli   ca es can traidor.

769   Padre, bien lo sabemos   que te quiso morder
mas non fo, poderoso   del dient en ti meter;
siempre en pos nos anda,   non ha otro mester,
señor, del su mal lazo   déñanos defender.

770   Padre, nuestros pecados,   nuestras iniquitades,
de fechos e de dichos   e de las voluntades,
a ti los confesamos,   padrón de los abades,
e merced te pedimos   que tú nos empïades.

771   Deña rescibir, padre,   la nuestra confesión,
meti en nuestros cueres   complida contrición;
acabdanos de Cristo   alguna remisión,
guíanos que fagamos   digna satisfacción.

772   Ruega, señor e padre,   a Dios que nos dé paz,

caridad verdadera, la que a ti muy plaz,
salut e tiempos bonos, pan e vino asaz,
e que nos dé en cabo a veer la su faz.

773 Ruega por los enfermos, gánalis sanidad,
piensa de los captivos, gánalis enguedad;
a los peregrinantes gana securidad,
que tenga a derechas su ley la cristiandad.

774 Ruega por la eglesia a Dios que la defienda,
que la error amate, la caridad encienda,
e que siempre la haya en su sancta comienda,
que cumpla su oficio e sea sin contienda.

775 Quiérote por mí misme, padre, merced clamar,
que hobi grand taliento de seer tu joglar;
esti poco servicio tú lo deña tomar
e deña por Gonzalo al Criador rogar.

776 Padre, entre los otros a mí non desampares,
ca dicen que bien sueles pensar de tos joglares;
Dios me dará fin buena si tú por mí rogares,
guarezré por el ruego de los tus paladares.

777 Debemos render gracias al Reÿ spirital,
qui nos dio tal consejo, tan nuestro natural,
por el su sancto mérito nos guarde Dios de mal,
que nos lieve las almas al regno celestial.

Libros a la carta

A la carta es un servicio especializado para
empresas,
librerías,
bibliotecas,
editoriales
y centros de enseñanza;
y permite confeccionar libros que, por su formato y concepción, sirven a los propósitos más específicos de estas instituciones.

Las empresas nos encargan ediciones personalizadas para marketing editorial o para regalos institucionales. Y los interesados solicitan, a título personal, ediciones antiguas, o no disponibles en el mercado; y las acompañan con notas y comentarios críticos.

Las ediciones tienen como apoyo un libro de estilo con todo tipo de referencias sobre los criterios de tratamiento tipográfico aplicados a nuestros libros que puede ser consultado en Linkgua-ediciones.com.

Linkgua edita por encargo diferentes versiones de una misma obra con distintos tratamientos ortotipográficos (actualizaciones de carácter divulgativo de un clásico, o versiones estrictamente fieles a la edición original de referencia).

Este servicio de ediciones a la carta le permitirá, si usted se dedica a la enseñanza, tener una forma de hacer pública su interpretación de un texto y, sobre una versión digitalizada «base», usted podrá introducir interpretaciones del texto fuente. Es un tópico que los profesores denuncien en clase los desmanes de una edición, o vayan comentando errores de interpretación de un texto y esta es una solución útil a esa necesidad del mundo académico.

Asimismo publicamos de manera sistemática, en un mismo catálogo, tesis doctorales y actas de congresos académicos, que son distribuidas a través de nuestra Web.

El servicio de «libros a la carta» funciona de dos formas.

1. Tenemos un fondo de libros digitalizados que usted puede personalizar en tiradas de al menos cinco ejemplares. Estas personalizaciones pueden ser de todo tipo: añadir notas de clase para uso de un grupo de estudiantes, introducir logos corporativos para uso con fines de marketing empresarial, etc. etc.

2. Buscamos libros descatalogados de otras editoriales y los reeditamos en tiradas cortas a petición de un cliente.

Printed in Poland
by Amazon Fulfillment
Poland Sp. z o.o., Wrocław

69305518R00079